U0609544

# 物阜长兴 Ⅱ

长兴县第一次全国可移动文物普查文物精选

应征 周凤平 主编

西泠印社出版社

## 《物阜长兴Ⅱ》编辑委员会

名誉顾问：

周卫兵　杨中校

顾　　问：（按姓氏笔画为序）

王海明　刘荣华　陈元甫　梁奕建　曾昭明　潘林荣

主　　任：

曾善赐

委　　员：（按姓氏笔画为序）

汪　敏　姜金泉

主　　编：

应　征　周凤平

副 主 编：

童善平　王学勤　秦桂芹

编纂成员：（按姓氏笔画为序）

毛　波　何　炜　杨美英　胡秋凉　魏　澜

摄影及录入校对：

包扣林　王　晓　陈　平　马凤琴　梅亚龙　章力超　秦　艳　高　敏

李梦伊　吴秋双　敖红雅　李路菲　章　佳　张　娇　嵇丽萍

# 序

天柱折，地维绝。古老的汪洋，新兴的大陆。长兴，在2.5亿年前地球绞痛的那刻，留下了“煤山扁体鱼化石”为代表的物的追寻。至一百万年前，长兴泗安七里亭有了确切的人类活动，那地层中的一块块燧石、石核、手镐，开启了长兴人距今100万年活动的明证，也书写了“浙江人类起源肇始地”的金字招牌。

马家浜文化陶鬶、崧泽文化陶豆、良渚文化陶壶为代表的馆藏文物，书写新石器时代长兴作为南太湖文化走廊的精彩佐证；出水于太湖的马桥文化石锛，质朴典雅、光洁如玉，堪为夏商时期石器中的精美之作。“江南罕见之器”的西周云雷纹青铜铙、“浙北第一鼎”的西周蟠虺纹青铜鼎为代表的青铜礼器、青铜兵器、印纹硬陶、原始瓷器，在商周时期的浙江舞台上，熠熠生辉。长兴五峰鼻子山战国时期越国贵族大墓出土众多的原始瓷打击乐器，见证礼乐文明在江南长兴的兴盛；秦汉雄风，不管是铜弩机，还是铁剑、铁刀、铁戟，均以国家一级文物的身份，显示长兴文物的“明星范”、“王者范”。六朝的青瓷，形肖而多神韵。南朝风流，如陈朝开国皇帝陈霸先一般，留给长兴无限的荣耀。隋唐盛世，下莘桥窖藏唐代银器，以银铤、银则、银勺、银箸、银钗等呈现一份风雅与细致；二界岭云峰宋墓出土的青白瓷佛像，端庄肃穆、轻盈雅致，堪称国宝；至于元影青瓷、铜权、赵孟頫书《长兴州修建东岳行宫记》碑等，是留给长兴短暂而辉煌的遗存；明铜铳、传世哥窑型三足炉及贯耳瓶，走入有明一代珍贵文物的最高行列；清康熙青花瓷将军罐、同治赵景贤监制铜炮、张度及俞樾等书画名家的清代书画，是最后一个封建王朝留在长兴的特别记忆；民国时期，国民政府超3000件的手绘户地原图，清晰地记录了长兴县城及各乡镇的地理、经济、人文信息，是不可多得且保存较为完整的全面抗战前记录长兴的珍贵资料。

长兴文物，灿若星辰。2016年10月底前全面完成的长兴县第一次全国可移动文物普查，有18家国有文物收藏单位10472件／套（实际数量19640件／套）文物藏品的的登录。将普查成果汇集成册出版，长兴县博物馆编入珍贵文物609件／套，其中一级文物24件／套，二级文物65件／套，三级文物520件／套，连同长兴县新四军苏浙军区纪念馆的革命文物、长兴县档案馆的档案文物等共有18家收藏单位630件／套文物入选了《物阜长兴Ⅱ》。

文物承载灿烂文明，传承历史文化。正如习近平主席所言，保护文物，功在当代、利在千秋。长兴，是全国文物工作先进县，我们高度重视文物工作。巍巍天目、浩渺太湖，《物阜长兴Ⅱ》的出版，既是长兴文物精华的一次展示和延伸，也是一项保存文化、找拾信心、复活“乡愁”的有力之举。相信这本精美的文物册子，在给人以沉思、熏陶的同时，也添一份振奋与骄傲！

长兴县人民政府副县长　陈峰

2017年5月28日

# 前 言

## 物阜长兴Ⅱ

### ——长兴县第一次全国可移动文物普查概述

一

长兴县是文物大县，2007年荣获“全国文物工作先进县”荣誉称号。长兴县人民政府高度重视我县第一次全国可移动文物普查工作，政府相关领导多次听取汇报，提出工作要求，县政府常务会议（县十五届政府第23次常务会议）还专题研究“一普”工作。2013年4月26日长兴县人民政府下发《关于在全县开展第一次全国可移动文物普查的通知》，成立了长兴县第一次全国可移动文物普查领导小组，标志着普查工作正式启动。7月24日，长兴县普查办人员参加了由浙江省文物局举办的第一次全国可移动文物普查培训班，认真学习了第一次全国可移动文物普查实施方案、业务和规范。8月6日，组建成立长兴县第一次全国可移动文物普查办公室，办公室下设工作小组，具体负责普查的各项工作，并由县普查办主任部署召开长兴县第一次全国可移动文物普查办公室全体工作人员工作部署会议。8月12日，长兴县人民政府办公室下发《关于印发长兴县第一次全国可移动文物普查实施方案的通知》。8月16日，长兴县第一次全国可移动文物普查动员大会暨普查联络员培训会顺利召开。县普查领导小组全体成员，县级机关各部门、各乡镇（街道、园区）、各金融机构和驻长中央及省属企事业等相关单位分管领导和普查联络员，县普查办全体工作人员共260人参加了会议。县普查领导小组组长、县人民政府副县长楼秋红作动员讲话。湖州市普查办主任、市文广新局副局长张国强通报了全市普查工作的开展情况，对长兴县开展普查的前期工作给予了充分肯定。动员会后，由县普查办周风平组织对全县普查联络员进行普查业务辅导培训。8月27日，长兴县可移动文物普查办公室第一期《可移动文物普查简报》出刊，分发给各个政府部门，至工作结束，连续出刊8期。前期会议的召开和培训的实施，有效推进了普查工作的进行，为普查工作的顺利开展提供了有力保障。

二

一是抽调有关人员对全县普查单位进行调查摸底。通过与县编办、工商、民政等部门多次对接，反复调查、梳理、核实，弄清弄准了我县包括国家机关、事业单位、国有企业、国有控股企业的普查单位名单。二是开展分层次培训。在全县层面上组织联络员培训的基础上，根据有关单位需要，派出业务骨干，分别对教育、交通、建设等系统的普查单位相关人员进行专门培训。三是强化普查宣传。县普查办利用现有可移动文物资源，列举典型可移动文物图文，制作《藏珍——长兴县第一次全国可移动文物普查巡回展览》，在有关部门、社区巡回展出，并利用长兴县文艺演出下乡机会，在各个乡镇(街道、园区)展出。同时，积极做好宣传报道工作，及时在电视、网站、报刊等媒体上宣传文物普查工作情况，编撰工作简报8期。通过广泛宣传，提高了全社会对可移动文物普查的认知度和参与度，为普查有序开展奠定了良好的工作基础。四是开展上门服务。这次普查范围广、涉及单位多，对个别未参加动员会的单位，我们派工作人员送调查表上门，并进行现场培训；对少数未及时上报的单位，我们派人上门收取；对重点收藏文物单位，上门进行核实，确保内容真实、有效。

根据国家、省、湖州市的统一部署及《长兴县第一次全国可移动文物普查实施方案》工作要求，我县第一次全国可移动文物普查办按照既定的工作计划于2013年10月底前完成国有单位文物收藏情况的调查摸底工作。至10月20日，长兴县第一次全国可移动文物普查收藏情况调查汇总工作顺利完成。县普查办从县统计局、县编制办、县工商局、县民政局等单位共获得初步名单550家。通过调查摸底、实地走访核实，剔除已注销、已合并单位27家，实发调查表523家（含省属企事业6家），回收523家，调查率100%，回收率100%。其中机关107家，事业单位276家，国有企业、国有控股企业121家，其他19家，实现了单位类型的全覆盖，通过初步核实与统计的我县文物数量超一万件/套,有文物反馈单位量列全省县级市前茅。

长兴县普查办组织专家力量通过对国有单位文物收藏反馈情况进行调查摸底和确认工作，对回收有文物反馈的30家单位，经省级专家组及县级专家组的逐一认定，最终确定共有18家单位收藏有文物，分别为：长兴县博物馆、纪念馆、财政局、档案馆、文保所、园林管理局、文化馆、国税局、龙山中学、水口乡、小浦镇、金钉子管理处、金钉子景区、文广新局、雉城街道、泗安镇、开发区、吕山乡。

## 三

2014年1月，长兴县普查办组织省市县专家通过实地走访，初步确定各收藏单位收藏文物情况。经过专家对16家文博系统外单位的登门、认定、核实，特别是针对长兴县国税局印章的认定，排除了大量新中国成立后印章；对文化馆的年画雕版认定，排除了新中国成立后所制作的；等等。共认定16家系统外国有单位收藏可移动文物3082件／套，2家文博系统国有单位收藏可移动文物7390件／套，全县总计10472件／套。

（一）长兴县总登录国有单位收藏情况

文博系统内2家，分别为长兴县博物馆6331件／套；长兴县新四军苏浙军区纪念馆1059件／套。文博系统外单位有16家，分别为长兴县财政局3047件／套；长兴县国家税务局2件／套；长兴县龙山中学2件／套；长兴县园林管理局6件／套；长兴县文物保护管理所1件／套；长兴县档案局7件／套；长兴县水口乡人民政府1件／套；长兴县小浦镇人民政府1件／套；长兴县文化馆4件／套；长兴金钉子国家级自然保护区管理处1件／套；长兴县文化广电新闻出版局1件／套；长兴县雉城街道办事处1件／套；长兴经济技术开发区管理委员会2件／套；长兴县泗安镇人民政府1件／套；长兴县吕山乡人民政府1件／套；长兴金钉子景区旅游发展有限公司4件／套。

（二）长兴县总登录文物藏品情况分析

经过专家认定并登录的10472件／套文物（自然类文物5件／套），最终登录信息平台10472件／套（自然类文物5件／套），实际数量为19640件／套（自然类文物5件／套）。

从全国第一次可移动文物普查平台上截图显示，长兴县有收藏文物的国有单位共18家，列湖州三县第1位，排湖州市市本级之后，列湖州第2位，居浙江省第5位，入全国百强之列，排全国第54位。

长兴县已采集藏品数量总数与登录平台总数为10472件/套，在湖州市排名第3位、在浙江省排名21位、在全国排名285位；已采集藏品数量总数与登录平台的实际数量为19640件／套，在湖州市排名第3位、在浙江省排名21位、在全国排名401位；已登录平台的珍贵藏品总数为847件/套，在湖州市排名第3位、在浙江省排名18位、在全国排名266位；已登录平台的珍贵藏品实际数量为901件/套，在湖州市排名第3位、在浙江省排名21位、在全国排名347位。

按级别统计分析，一级文物有28件/套，占可移动文物总数的0.27%；二级文物有81件/套，占总数的0.77%；三级文物有738件/套，占总数的7.05%；一般文物有6548件/套，占总数的62.53%；未定级文物有3077件/套，占总数的29.38%。

按类别统计分析，排在前六位的分别为：档案文书、瓷器、陶器、古籍图书、石器石刻砖瓦、铜器，均达到500件／套以上。

按年代统计分析，长兴县文物藏品涵盖了平台所罗列的每个年代单项。其中排前六位的为：中华民国、清代、中华人民共和国、周代、汉代、宋代，分别达到500

件／套以上。

按来源统计分析，旧藏、发掘、接受捐赠、征集购买所占比重最大，旧藏比例占半数以上，其余均在9%以上。

四

从馆藏数量分析来看，我县国有单位收藏文物以文博单位为主，其中长兴县博物馆、长兴县新四军苏浙军区纪念馆的文物收藏量就占全县文物收藏总数的70.57%，文博系统外的国有单位占总数的29.43%。系统外单位以长兴县财政局3047件／套最为显著，占总量的29.1%，其余15家仅占总量的0.33%。从收藏的文物级别来看，我县收藏的珍贵文物数量只占全县文物收藏总数的8.6%；一般文物与未定级文物的总数占我县收藏文物的91.4%。从收藏文物的类别来看，我县收藏的文物类别较丰富多样，档案文书、瓷器、陶器、古籍图书、石器石刻砖瓦、铜器，均达到500件／套以上，而书画、玉器较少。从收藏文物的年代来看，中华民国、清代、中华人民共和国、周代、汉代、宋代，分别达到500件／套以上。从收藏的文物来源来看，旧藏占多数，占比61.16%（因长兴是和平解放，长兴县财政局民国户地原图由国民政府顺利交接，属民国旧藏，此数量就高达3047件），其次考古发掘出土的文物数量较多，占文物收藏总数的10.17%。因此，我们在今后的收藏类别要侧重于书画、玉器等数量较少的文物，要着重于馆藏文物的征集与购买，丰富我县文物藏品的类别。同时加强联系系统外单位的文物收藏与利用，如此次长兴县博物馆专门抽调业务骨干对长兴县财政局的3047件民国户地原图进行普查，从拍照、采集到录入完成，共用时3个月，这也为文物图纸的数字化提供了方便。

在长兴县国有单位文物收藏中，长兴县博物馆最具有代表性。长兴县博物馆登录平台数量为6331件/套，实际数量15377件/套，列全县第一，藏品实际数量列全市第二。此次图录的出版，涵盖了长兴县博物馆所有珍贵文物609件/套，并另选出21件/套在全县范围内有代表性的文物，汇集成一册，以飨读者。

编者

2017年5月8日

# 目 录

## 长兴县博物馆　一级文物（总24件）



## 长兴县博物馆　二级文物（总65件）



## 长兴县博物馆　三级文物（总468件）

# 长兴县博物馆　一级文物

# 长兴县博物馆　一级文物（总24件）

## 01. 石器（4件）

### 商双面刃有段石凿

藏品编号　566
年　　代　前1600~前1046
文物类别　石器、石刻、砖瓦
文物级别　一级
实际件数　1
完残程度　完整
尺寸（cm）　长12.6，宽1.9

### 商单面刃有段石锛

藏品编号　586
年　　代　前1600~前1046
文物类别　石器、石刻、砖瓦
文物级别　一级
实际件数　1
完残程度　完整
尺寸（cm）　长20.3，宽2.7，厚2.6

商有阑直内石戈

藏品编号 580
年　　代 前1600~前1046
文物类别 石器、石刻、砖瓦
文物级别 一级
实际件数 1
完残程度 完整
尺寸(cm) 长17.4，宽7.8

商单面刃有段石锛

藏品编号 584
年　　代 前1600~前1046
文物类别 石器、石刻、砖瓦
文物级别 一级
实际件数 1
完残程度 完整
尺寸(cm) 长15.6，宽4

# 长兴县博物馆　一级文物

## 02. 陶器（4件）

马家浜文化夹砂陶鬶

藏品编号　1690
年　　代　前7000~前6000
文物类别　陶器
文物级别　一级
实际件数　1
完残程度　完整
尺寸（cm）　高22.5，口径最大7.8、最小6.7，最大腹径16.8，鋬宽4.6

马家浜文化夹砂陶鬶

藏品编号　1696
年　　代　前7000~前6000
文物类别　陶器
文物级别　一级
实际件数　1
完残程度　完整
尺寸（cm）　高20，口径最大9.2、最小7.4，最大腹径14.1，鋬长6.8、宽5.1

## 马家浜文化夹砂陶鬶

藏品编号 1697
年　　代 前 7000~前 6000
文物类别 陶器
文物级别 一级
实际件数 1
完残程度 完整
尺寸（cm） 高 20，口径最大 7.8、最小 6.9，最大腹径 15.1，鋬长 5.7，鋬宽 5.7

## 马桥文化梳篦纹带鋬陶鸭形壶

藏品编号 1674
年　　代 前 3900~前 3200
文物类别 陶器
文物级别 一级
实际件数 1
完残程度 完整
尺寸（cm） 高 12，口径 10.7，底径 6.6，最大腹径 12.5，鋬宽 3.9

# 长兴县博物馆——一级文物

## 03. 铜器（4件）

商叶脉纹直内双孔青铜钺

藏品编号 804
年　　代 前1600~前1046
文物类别 铜器
文物级别 一级
实际件数 1
完残程度 完整
尺寸(cm) 纵20.5，横16.8，内长6.8，内宽4.9

西周小垂腹扁足兽面纹青铜鼎

藏品编号 831
年　　代 前1046~前771
文物类别 铜器
文物级别 一级
实际件数 1
完残程度 完整
尺寸(cm) 纵20.5，横16.8，内长6.8，内宽4.9

南朝四凤青铜提梁匜

藏品编号 839
年　代 420–589
文物类别 铜器
文物级别 一级
实际件数 1
完残程度 基本完整
尺寸(cm) 高 17，宽 29.3，直径 15.7

南宋“湖州铸镫局乾道七年”铭六葵形铜镜

藏品编号 39
年　代 1171
文物类别 铜器
文物级别 一级
实际件数 1
完残程度 完整
尺寸(cm) 直径 11.5，钮径 1.2，厚 0.3

# 长兴县博物馆　一级文物

## 04. 武器（12件）

### 西周云雷纹铜匕首

藏品编号　641
年　　代　前1046~前771
文物类别　武器
文物级别　一级
实际件数　1
完残程度　完整
尺寸（cm）　通长21.6，茎长7，身宽4.2，格长1.3，格宽4.8

### 西周圆茎耳形梭兽面纹青铜剑

藏品编号　626
年　　代　前1046~前771
文物类别　武器
文物级别　一级
实际件数　1
完残程度　基本完整
尺寸（cm）　通长35.8，宽3.2，茎长8.8，首茎2.6

### 战国铁铍

藏品编号　1370
年　　代　前475~前221
文物类别　武器
文物级别　一级
实际件数　1
完残程度　基本完整
尺寸（cm）　通长34.8，宽3.6，柄长11

### 西汉铜弩机

藏品编号　891
年　　代　前206~8
文物类别　武器
文物级别　一级
实际件数　1
完残程度　完整
尺寸（cm）　长17.5，悬刀7.5，望山9.7，箭槽11.5，键7.6

### 汉铁长剑

藏品编号 1356
年　　代 前206~220
文物类别 武器
文物级别 一级
实际件数 1
完残程度 完整
尺寸（cm） 通长102.6，柄长11.6

### 汉环首铁刀

藏品编号 1362
年　　代 前206~220
文物类别 武器
文物级别 一级
实际件数 1
完残程度 完整
尺寸（cm） 通长107，刀身宽2.7，柄长19

### 汉环首铁刀

藏品编号 1360
年　　代 前206~220
文物类别 武器
文物级别 一级
实际件数 1
完残程度 完整
尺寸（cm） 通长117，宽2.7，柄长4.1，环首6.6

### 汉环首铁刀

藏品编号 1353
年　　代 前206~220
文物类别 武器
文物级别 一级
实际件数 1
完残程度 完整
尺寸（cm） 通长101.2，宽2.6，环首纵7，横6.4

### 汉铁戟

藏品编号 1366
年　　代 前206~220
文物类别 武器
文物级别 一级
实际件数 1
完残程度 完整
尺寸（cm） 通长64，最宽24

汉环首铁刀

藏品编号　1358
年　　代　前 206~220
文物类别　武器
文物级别　一级
实际件数　1
完残程度　基本完整
尺寸（cm）　通长 118，宽 2.8，柄长 22，环首纵 6，横 4.4

汉环首长腊单面刃铁刀

藏品编号　1359
年　　代　前 206~220
文物类别　武器
文物级别　一级
实际件数　1
完残程度　完整
尺寸（cm）　通长 108.6，宽 2.9，环首纵 6.2，横 5

明铜火铳

藏品编号　1074
年　　代　1368~1644
文物类别　武器
文物级别　一级
实际件数　1
完残程度　完整
尺寸（cm）　通长 3.3，口径 5.6

# 长兴县博物馆　二级文物

# 长兴县博物馆　二级文物（总65件）

## 01. 石器、石刻、砖瓦（2件）

### 商单面刃石凿

藏品编号　5984
年　　代　前 1600~ 前 1046
文物类别　石器、石刻、砖瓦
文物级别　二级
实际件数　1
完残程度　基本完整
尺寸（cm）　长 19.5，宽 2.6，最厚 2.6

### 商有段石锛

藏品编号　585
年　　代　前 1600~ 前 1046
文物类别　石器、石刻、砖瓦
文物级别　二级
实际件数　1
完残程度　完整
尺寸（cm）　长 13，刃部宽 8，上端宽 7

## 02. 陶器（10件）

### 马桥文化绳纹硬陶甑

藏品编号　235
年　　代　前3900~前3200
文物类别　陶器
文物级别　二级
实际件数　1
完残程度　完整
尺寸(cm)　高10.2，口径12.6，腹径11.8

### 西周席纹灰陶鬲

藏品编号　236
年　　代　前1046~前771
文物类别　陶器
文物级别　二级
实际件数　1
完残程度　基本完整
尺寸(cm)　高12，口径15.3，腹径18.9

### 西周印纹硬陶瓮

藏品编号　296
年　　代　前1046~前771
文物类别　陶器
文物级别　二级
实际件数　1
完残程度　基本完整
尺寸(cm)　高4.5，口径20.7，腹径35.1，底径18

西周组合纹葫芦形硬陶尊

藏品编号 366
年　　代 前 1046~ 前 771
文物类别 陶器
文物级别 二级
实际件数 1
完残程度 基本完整
尺寸（cm） 高 15，口径 8.7，上腹径 11.4，下腹径 15.6，底径 12

春秋水波纹三足硬陶鼎

藏品编号 233
年　　代 前 770~ 前 476
文物类别 陶器
文物级别 二级
实际件数 1
完残程度 完整
尺寸（cm） 高 7.8，口径 13.8，腹径 18.3

春秋鼓腹方格纹双系印纹硬陶罐

藏品编号 339
年　　代 前 770~ 前 476
文物类别 陶器
文物级别 二级
实际件数 1
完残程度 完整
尺寸（cm） 高 14.8，口径 11.2，底径 10.4

战国刻字泥质黑陶钵

藏品编号 336
年　　代 前 475~ 前 221
文物类别 陶器
文物级别 二级
实际件数 1
完残程度 完整
尺寸（cm） 高 3.6，口径 15.3，底径 6.6

### 战国黑衣陶豆

藏品编号 305
年　　代 前475～前221
文物类别 陶器
文物级别 二级
实际件数 1
完残程度 基本完整
尺寸(cm) 高11.4，口径14.4，底径8.1

### 汉弦纹双耳黑陶罐

藏品编号 232
年　　代 前206~220
文物类别 陶器
文物级别 二级
实际件数 1
完残程度 完整
尺寸(cm) 高12.6，口径10.2，腹径18.6，底径12

### 西汉连珠纹双系黑陶罐

藏品编号 314
年　　代 前206~8
文物类别 陶器
文物级别 二级
实际件数 1
完残程度 完整
尺寸(cm) 高16.8，口径14.4，腹径30，底径18

# 长兴县博物馆　二级文物

## 03. 铜器（4件）

春秋椭圆形銎三角形刃青铜犁

藏品编号　750
年　　代　前770~前476
文物类别　铜器
文物级别　二级
实际件数　1
完残程度　完整
尺寸(cm)　銎口长6.6，宽2.2，犁身宽8.8，高6.9

西周蝉纹弧刃铜斧

藏品编号　797
年　　代　前1046~前771
文物类别　铜器
文物级别　二级
实际件数　1
完残程度　完整
尺寸(cm)　长10.3，刃宽3.5

战国三角形带穿青铜犁

藏品编号　788
年　　代　前475~前221
文物类别　铜器
文物级别　二级
实际件数　1
完残程度　完整
尺寸(cm)　纵13，横6

春秋单孔青铜镰

藏品编号　755
年　　代　前770~前476
文物类别　铜器
文物级别　二级
实际件数　1
完残程度　完整
尺寸(cm)　长12.6，宽4.4

商有阑直内青铜戈

藏品编号　690
年　　代　前1600~前1046
文物类别　武器
文物级别　二级
实际件数　1
完残程度　完整
尺寸(cm)　通长21.8，锋最宽4.5，内长4.9，内宽3，栏宽5.5

商阔叶短骹单系青铜矛

藏品编号　698
年　　代　前1600~前1046
文物类别　武器
文物级别　二级
实际件数　1
完残程度　完整
尺寸(cm)　通长20.3，叶长14.7，叶最宽5.8

商阔叶刃长骹青铜矛

藏品编号　696
年　　代　前1600~前1046
文物类别　武器
文物级别　二级
实际件数　1
完残程度　基本完整
尺寸(cm)　通长23，叶长14.7，叶最宽5.6

西周圆首青铜剑

藏品编号　630
年　　代　前1046~前771
文物类别　武器
文物级别　二级
实际件数　1
完残程度　基本完整
尺寸(cm)　通长35.2，身长25.8，茎长9.4，剑首直径3.7

西周云雷纹青铜剑

藏品编号　639
年　　代　前1046~前771
文物类别　武器
文物级别　二级
实际件数　1
完残程度　完整
尺寸(cm)　通长28.1，身长19.5，身最宽3，茎长8.6，首径2.8

西周青铜矛

藏品编号　726
年　　代　前1046~前771
文物类别　武器
文物级别　二级
实际件数　1
完残程度　完整
尺寸(cm)　通长19.8，矛身长11.5

西周青铜戈

藏品编号 658
年　　代 前 1046~前 771
文物类别 武器
文物级别 二级
实际件数 1
完残程度 完整
尺寸（cm） 通长 27.5，锋长 18.1，栏长 11.3，胡长 10.9

西周直内两穿青铜戈

藏品编号 689
年　　代 前 1046~前 771
文物类别 武器
文物级别 二级
实际件数 1
完残程度 基本完整
尺寸（cm） 通长 27.5，内长 10，锋最宽 4.8，内宽 2.5

西周叶刃长骹青铜矛

藏品编号 704
年　　代 前 1046~前 771
文物类别 武器
文物级别 二级
实际件数 1
完残程度 完整
尺寸（cm） 通长 18，叶宽 3，叶长 10.5

春秋时期青铜戈

藏品编号 702
年　　代 前 770~前 476
文物类别 武器
文物级别 二级
实际件数 1
完残程度 完整
尺寸（cm） 通长 22，锋长 17.1，内长 5.3，内宽 2.9，胡长 11.8，栏长 12.9

春秋晚期圭援短胡青铜戈

藏品编号 693
年　　代 前 770~前 476
文物类别 武器
文物级别 二级
实际件数 1
完残程度 完整
尺寸（cm） 通长 23.8，内长 6.3，内宽 2.9，锋长 17.5，胡长 9.4，栏长 10.4

春秋厚格圆茎有箍式青铜剑

藏品编号 633
年　代 前770~前476
文物类别 武器
文物级别 二级
实际件数 1
完残程度 完整
尺寸(cm) 通长34.2，剑身长24.4，剑身最宽3.5，剑格1.3×4.4，剑首径3

春秋晚期圆茎双箍青铜剑

藏品编号 644
年　代 前770~前476
文物类别 武器
文物级别 二级
实际件数 1
完残程度 完整
尺寸(cm) 通长41.3，身长35.2，首径3.5

春秋青铜剑

藏品编号 646
年　代 前770~前476
文物类别 武器
文物级别 二级
实际件数 1
完残程度 完整
尺寸(cm) 通长40，身长33.6，身最宽3.4，格3.5×1.4

春秋晚期圆茎双箍青铜剑

藏品编号 654
年　代 前770~前476
文物类别 武器
文物级别 二级
实际件数 1
完残程度 完整
尺寸(cm) 通长37，身长30，格纵1.5，横2.7，首径3

战国斜宽从薄格青铜剑

藏品编号 627
年　代 前475~前221
文物类别 武器
文物级别 二级
实际件数 1
完残程度 完整
尺寸(cm) 通长50.7，剑身长41.4，剑首直径3.8

战国斜宽从薄格青铜剑

藏品编号 638
年　　代 前 475~ 前 221
文物类别 武器
文物级别 二级
实际件数 1
完残程度 完整
尺寸（cm） 通长 38.2，剑身长 29.6，剑首直径 3.3

战国宽骹狭刃青铜矛

藏品编号 667
年　　代 前 475~ 前 221
文物类别 武器
文物级别 二级
实际件数 1
完残程度 完整
尺寸（cm） 通长 21.2，柄长 9.2，叶长 12

战国宽骹狭刃青铜矛

藏品编号 685
年　　代 前 475~ 前 221
文物类别 武器
文物级别 二级
实际件数 1
完残程度 完整
尺寸（cm） 通长 23.8，叶长 15.3，叶宽 3.4

战国狭刃长骹青铜矛

藏品编号 724
年　　代 前 475~ 前 221
文物类别 武器
文物级别 二级
实际件数 1
完残程度 完整
尺寸（cm） 通长 23.8，矛身长 14

战国“王”字纹青铜矛

藏品编号 686
年　　代 前475~前221
文物类别 武器
文物级别 二级
实际件数 1
完残程度 完整
尺寸(cm) 通长20.1，叶长12.3，叶最宽3.6，銎口径2.1

汉铁长矛

藏品编号 1350
年　　代 前206~220
文物类别 武器
文物级别 二级
实际件数 1
完残程度 基本完整
尺寸(cm) 通长56.4

汉环首铁刀

藏品编号 1363
年　　代 前206~220
文物类别 武器
文物级别 二级
实际件数 1
完残程度 基本完整
尺寸(cm) 通长105.5，宽2.8，柄长18.5

战国凹口粗骹狭刃青铜矛

藏品编号 705
年　　代 前475~前221
文物类别 武器
文物级别 二级
实际件数 1
完残程度 完整
尺寸(cm) 通长17.9，叶长12.4，叶最宽3.1，骹口径1.1~2.2

# 长兴县博物馆　二级文物

## 05 瓷器（6件）

春秋青釉印纹原始瓷敛口罐

藏品编号　2969
年　　代　前770～前476
文物类别　瓷器
文物级别　二级
实际件数　1
完残程度　基本完整
尺寸(cm)　高13.6，口径12.9，腹径22.5，底径15.4

东汉钱币纹双复系原始瓷盘口壶

藏品编号　3152
年　　代　25~220
文物类别　瓷器
文物级别　二级
实际件数　1
完残程度　完整
尺寸(cm)　高42.1，口径17.3，腹径37.2，底径17，颈高9

东汉青釉折沿瓷洗

藏品编号　2965
年　　代　25~220
文物类别　瓷器
文物级别　二级
实际件数　1
完残程度　基本完整
尺寸(cm)　高12.2，口径28，底径14.2

北宋白釉出筋瓷碗

藏品编号　224
年　　代　960~1127
文物类别　瓷器
文物级别　二级
实际件数　1
完残程度　完整
尺寸(cm)　高5.4，口径19.5，底径6.5

明龙泉窑历史人物故事青瓷碗

藏品编号 175
年　代 1368~1644
文物类别 瓷器
文物级别 二级
实际件数 1
完残程度 完整
尺寸（cm） 高 10.2，口径 17，腹围 17.2，圈足径 6.8

清康熙青花缠枝莲纹将军罐

藏品编号 3103
年　代 1662~1722
文物类别 瓷器
文物级别 二级
实际件数 1
完残程度 完整
尺寸（cm） 高 59，口径 23.3，腹径 40，底径 25

# 长兴县博物馆　二级文物

## 06· 金银器（9件）

### 唐四曲莲瓣椭圆形长柄银勺

藏品编号　954
年　　代　618~907
文物类别　金银器
文物级别　二级
实际件数　1
完残程度　完整
尺寸（cm）　通长31.2，柄长25.4，勺口8.8×6.1，勺深3

### 唐摩羯纹银则

藏品编号　956
年　　代　618~907
文物类别　金银器
文物级别　二级
实际件数　1
完残程度　完整
尺寸（cm）　通长30.2，柄长22.4，则面长8.4、宽4.4

### 唐錾刻摩羯纹长柄银则

藏品编号　957
年　　代　618~907
文物类别　金银器
文物级别　二级
实际件数　1
完残程度　完整
尺寸（cm）　通长30.2，柄长22.4，则面纵8.4、横4.4

### 唐摩羯纹银则

藏品编号　958
年　　代　618~907
文物类别　金银器
文物级别　二级
实际件数　1
完残程度　完整
尺寸（cm）　通长30.2，柄长22.4，则面长8.4、宽4.4

### 唐摩羯纹银匙

藏品编号　959
年　　代　618~907
文物类别　金银器
文物级别　二级
实际件数　1
完残程度　完整
尺寸（cm）　通长30.2，柄长22.4，则面长8.4、宽4.4

### 唐摩羯纹银则

藏品编号　960
年　　代　618~907
文物类别　金银器
文物级别　二级
实际件数　1
完残程度　完整
尺寸（cm）　通长30.2，柄长22.4，则面长8.4、宽4.4

### 唐双鱼纹银则

藏品编号　961
年　　代　618~907
文物类别　金银器
文物级别　二级
实际件数　1
完残程度　完整
尺寸（cm）　通长30.2，柄长21.6，则面长8.7、宽4.2

### 明葫芦形金耳坠

藏品编号　3989
年　　代　1368~1644
文物类别　金银器
文物级别　二级
实际件数　2
完残程度　完整
尺寸（cm）　高4，最宽3.5

### 明梵文桥形金梳背

藏品编号　3990
年　　代　1368~1644
文物类别　金银器
文物级别　二级
实际件数　1
完残程度　完整
尺寸（cm）　长10，最宽1.5

## 07. 铁器、其他金属器（6件）

战国长方銎弧刃中穿铁锄（残）

藏品编号　787
年　　代　前475~前221
文物类别　铁器、其他金属器
文物级别　二级
实际件数　1
完残程度　残缺
尺寸(cm)　高8.1，刃部宽8.6，口径纵6.3、横2

战国凹銎三角形犁面铁犁

藏品编号　1455
年　　代　前475~前221
文物类别　铁器、其他金属器
文物级别　二级
实际件数　1
完残程度　基本完整
尺寸(cm)　高21，上段宽13，刃宽19.3

西汉三角刃铁锸

藏品编号　1473
年　　代　前206~8
文物类别　铁器、其他金属器
文物级别　二级
实际件数　1
完残程度　完整
尺寸(cm)　上段宽6，最宽6.3，高6.3

### 西汉方銎双箍单面刃铁鑺

藏品编号 1476
年　　代 前206~8
文物类别 铁器、其他金属器
文物级别 二级
实际件数 1
完残程度 完整
尺寸（cm） 高13.3，最宽5.8，刃部宽5.1

### 汉凹形銎弧刃铁锸

藏品编号 1454
年　　代 前206~220
文物类别 铁器、其他金属器
文物级别 二级
实际件数 1
完残程度 完整
尺寸（cm） 刃宽14.5，高13.5

### 汉U形銎弧刃铁锸

藏品编号 1483
年　　代 前206~220
文物类别 铁器、其他金属器
文物级别 二级
实际件数 1
完残程度 完整
尺寸（cm） 上端宽7.8，刃最宽12.1，高10

## 08. 书法、绘画（2件）

清诸昇竹石图轴

藏品编号 1164
年　代 1662
文物类别 书法、绘画
文物级别 二级
实际件数 1
完残程度 完整
尺寸（cm） 长 155，宽 80

清钱松墨梅竹石图轴

藏品编号 1226
年　代 1857
文物类别 书法、绘画
文物级别 二级
实际件数 1
完残程度 完整
尺寸（cm） 长 126，宽 32

## 长兴县博物馆　二级文物

### 09. 文具（2件）

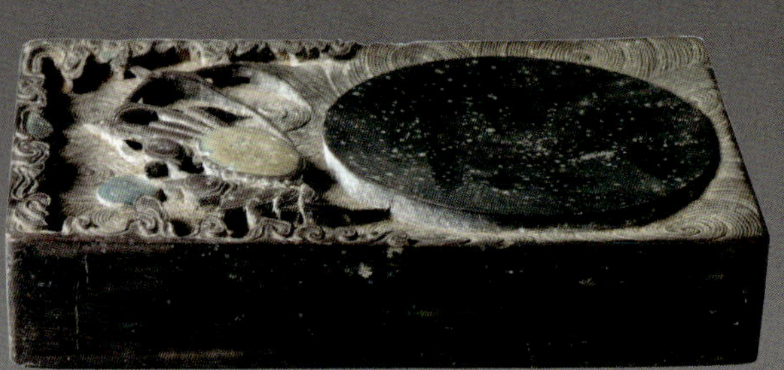

明云龙纹活眼端砚（带红木盒）

藏品编号　3262
年　　代　1368~1644
文物类别　文具
文物级别　二级
实际件数　1
完残程度　基本完整
尺寸（cm）长27.4，宽18，厚2.4

清云蟹水纹端砚

藏品编号　3264
年　　代　1616~1911
文物类别　文具
文物级别　二级
实际件数　1
完残程度　完整
尺寸（cm）长20.4，宽14，厚3.6

# 长兴县博物馆　三级文物

# 长兴县博物馆　三级文物（总468件）

## 01 石器、石刻、砖瓦（32件）

良渚文化石钺

藏品编号　4596
年　　代　前5300~前4300
文物类别　石器、石刻、砖瓦
文物级别　三级
实际件数　1
完残程度　完整
尺寸（cm）　通长15.8，最宽8

良渚文化毛坯石钺

藏品编号　5815
年　　代　前5300~前4300
文物类别　石器、石刻、砖瓦
文物级别　三级
实际件数　1
完残程度　完整
尺寸（cm）　通长15.8，最宽8

良渚文化双孔石钺

藏品编号　4594
年　　代　前5300~前4300
文物类别　石器、石刻、砖瓦
文物级别　三级
实际件数　1
完残程度　基本完整
尺寸（cm）　纵13.6，横16，厚0.7

良渚文化石钺

藏品编号　1306
年　　代　前5300~前4300
文物类别　石器、石刻、砖瓦
文物级别　三级
实际件数　1
完残程度　基本完整
尺寸（cm）　高17.6，刃宽18，厚0.5

### 良渚文化单孔石斧

藏品编号 1329
年　　代 前 5300~ 前 4300
文物类别 石器、石刻、砖瓦
文物级别 三级
实际件数 1
完残程度 完整
尺寸（cm） 长 11，宽 7.85，孔径 2~1.2

### 良渚文化毛坯石钺

藏品编号 4595
年　　代 前 5300~ 前 4300
文物类别 石器、石刻、砖瓦
文物级别 三级
实际件数 1
完残程度 完整
尺寸（cm） 纵 18.4，横 10.7

### 良渚文化 V 形石犁

藏品编号 535
年　　代 前 5300~ 前 4300
文物类别 石器、石刻、砖瓦
文物级别 三级
实际件数 1
完残程度 残缺
尺寸（cm） 通长 40.2，腰长 36，宽 34.5

### 马桥文化有段石锛

藏品编号 4614
年　　代 前 3900~ 前 3200
文物类别 石器、石刻、砖瓦
文物级别 三级
实际件数 1
完残程度 完整
尺寸（cm） 长 6.7，最宽 3

### 马桥文化 V 形破土器

藏品编号 4839
年　　代 前 3900~ 前 3200
文物类别 石器、石刻、砖瓦
文物级别 三级
实际件数 1
完残程度 完整
尺寸（cm） 通长 18.5，最宽 14.5

马桥文化阔叶形石镞

藏品编号 4609
年　　代 前 3900~ 前 3200
文物类别 石器、石刻、砖瓦
文物级别 三级
实际件数 1
完残程度 完整
尺寸 (cm) 纵 6.6，横 2.5，厚 0.4

马桥文化半月形双孔石刀

藏品编号 483
年　　代 前 3900~ 前 3200
文物类别 石器、石刻、砖瓦
文物级别 三级
实际件数 1
完残程度 完整
尺寸 (cm) 通长 14.6，最宽 4.45

马桥文化石矛

藏品编号 4600
年　　代 前 3900~ 前 3200
文物类别 石器、石刻、砖瓦
文物级别 三级
实际件数 1
完残程度 基本完整
尺寸 (cm) 纵 8.7，横 3.2，高 0.8

马桥文化石铲

藏品编号 4610
年　　代 前 3900~ 前 3200
文物类别 石器、石刻、砖瓦
文物级别 三级
实际件数 1
完残程度 完整
尺寸 (cm) 最长 16，最宽 9.2

马桥文化三角形双孔石破土器

藏品编号 538
年　　代 前 3900～前 3200
文物类别 石器、石刻、砖瓦
文物级别 三级
实际件数 1
完残程度 基本完整
尺寸（cm） 刃部宽 36.5，背长 38，高 31.8

马桥文化月牙形双孔石刀

藏品编号 4844
年　　代 前 3900～前 3200
文物类别 石器、石刻、砖瓦
文物级别 三级
实际件数 1
完残程度 完整
尺寸（cm） 通长 8.3，最宽 3.5

马桥文化石破土器

藏品编号 4611
年　　代 前 3900～前 3200
文物类别 石器、石刻、砖瓦
文物级别 三级
实际件数 1
完残程度 完整
尺寸（cm） 最长 26，最宽 15，脊厚 1.2，凹口纵 6、横 5.5

良渚文化石钺

藏品编号 6064-412
年　　代 前 5300～前 4300
文物类别 石器、石刻、砖瓦
文物级别 三级
实际件数 1
完残程度 完整
尺寸（cm） 口径 3.8，厚 1，通长 11，通宽 10.5

新石器时代石钺

藏品编号 487
年　　代 新石器时代
文物类别 石器、石刻、砖瓦
文物级别 三级
实际件数 1
完残程度 基本完整
尺寸（cm） 通长 13.8，最宽 12.9

## 新石器时代石凿

藏品编号　6063-411
年　　代　新石器时代
文物类别　石器、石刻、砖瓦
文物级别　三级
实际件数　1
完残程度　完整
尺寸（cm）　通长 19.5、通宽 7，厚 6

## 新石器时代单面刃有段石锛

藏品编号　1294
年　　代　新石器时代
文物类别　石器、石刻、砖瓦
文物级别　三级
实际件数　1
完残程度　基本完整
尺寸（cm）　宽 2.8，高 15.8，最厚 2.95

## 新石器时代月牙形三孔石刀

藏品编号　1272
年　　代　新石器时代
文物类别　石器、石刻、砖瓦
文物级别　三级
实际件数　1
完残程度　完整
尺寸（cm）　长 12.4，高 4.3，厚 0.7

## 新石器时代双孔石刀

藏品编号　438
年　　代　新石器时代
文物类别　石器、石刻、砖瓦
文物级别　三级
实际件数　1
完残程度　完整
尺寸（cm）　长 12.6，宽 7

## 商 V 形石破土器

藏品编号　541
年　　代　前 1600~ 前 1046
文物类别　石器、石刻、砖瓦
文物级别　三级
实际件数　1
完残程度　完整
尺寸（cm）　刃部长 32，高 33，背长 47，厚 2

## 商无阑直内石戈

藏品编号　574
年　　代　前 1600~ 前 1046
文物类别　石器、石刻、砖瓦
文物级别　三级
实际件数　1
完残程度　基本完整
尺寸（cm）　长 20，宽 7.8

商月牙形双孔石刀

藏品编号　543
年　　代　前 1600~ 前 1046
文物类别　石器、石刻、砖瓦
文物级别　三级
实际件数　1
完残程度　完整
尺寸(cm)　长 14.3，宽 4.6，厚 0.5

商直内长栏石戈

藏品编号　577
年　　代　前 1600~ 前 1046
文物类别　石器、石刻、砖瓦
文物级别　三级
实际件数　1
完残程度　完整
尺寸(cm)　长 11，栏长 6

商弧刃石镰

藏品编号　569
年　　代　前 1600~ 前 1046
文物类别　石器、石刻、砖瓦
文物级别　三级
实际件数　1
完残程度　完整
尺寸(cm)　长 19

商三角形三穿石犁

藏品编号　533
年　　代　前 1600~ 前 1046
文物类别　石器、石刻、砖瓦
文物级别　三级
实际件数　1
完残程度　基本完整
尺寸(cm)　通长 54.8，宽 35，厚 1.2，刃口宽 1.4

商有阑直内石戈

藏品编号　573
年　　代　前 1600~ 前 1046
文物类别　石器、石刻、砖瓦
文物级别　三级
实际件数　1
完残程度　完整
尺寸(cm)　长 22，宽 7.8

商有阑直内石戈

藏品编号 595
年　　代 前1600~前1046
文物类别 石器、石刻、砖瓦
文物级别 三级
实际件数 1
完残程度 基本完整
尺寸(cm) 通长25.6，栏8，戈身宽6.5

汉滑石猪

藏品编号 5814
年　　代 前206~220
文物类别 石器、石刻、砖瓦
文物级别 三级
实际件数 1
完残程度 完整
尺寸(cm) 通长7.2

东汉青龙白虎纹画像石

藏品编号 5860-001
年　　代 25~220
文物类别 石器、石刻、砖瓦
文物级别 三级
实际件数 3
完残程度 基本完整
尺寸(cm) 通长159，通宽34
具体尺寸 厚49.6，长95.6，宽47.5，厚9.5，长96，宽47，厚11.5

马家浜文化夹砂陶腰沿釜

藏品编号　1685
年　　代　前7000~前6000
文物类别　陶器
文物级别　三级
实际件数　1
完残程度　基本完整
尺寸(cm)　高12.7，口径20，腰径25.7，腰沿宽3，腹径20.2

马家浜文化夹砂陶鬶

藏品编号　1570
年　　代　前7000~前6000
文物类别　陶器
文物级别　三级
实际件数　1
完残程度　残缺
尺寸(cm)　高15.6, 口径8.6, 腹围14

马家浜文化夹砂陶鬶

藏品编号　1577
年　　代　前7000~前6000
文物类别　陶器
文物级别　三级
实际件数　1
完残程度　基本完整
尺寸(cm)　高17.8，口径6.8，腹围10.2

马家浜文化夹砂陶鬶

藏品编号　1695
年　　代　前7000~前6000
文物类别　陶器
文物级别　三级
实际件数　1
完残程度　基本完整
尺寸(cm)　高20.4，口径6.3，腹径15

马家浜文化夹砂陶鬶

藏品编号 387
年　　代 前7000~前6000
文物类别 陶器
文物级别 三级
实际件数 1
完残程度 残缺
尺寸(cm) 高21.8，腹径16.4，口径7.9

马家浜文化夹砂陶鬶

藏品编号 386
年　　代 前7000~前6000
文物类别 陶器
文物级别 三级
实际件数 1
完残程度 残缺
尺寸(cm) 高16.8，腹径12.4，口径6.3

马家浜文化夹砂陶鬶

藏品编号 1571
年　　代 前7000~前6000
文物类别 陶器
文物级别 三级
实际件数 1
完残程度 基本完整
尺寸(cm) 高18，口径7.8，腹围14.6

马家浜文化猪鼻形陶支座

藏品编号 1689
年　　代 前7000~前6000
文物类别 陶器
文物级别 三级
实际件数 1
完残程度 完整
尺寸(cm) 高9.6，宽5

马家浜文化夹砂直筒式陶腰沿釜

藏品编号 1686
年　　代 前 7000~ 前 6000
文物类别 陶器
文物级别 三级
实际件数 1
完残程度 基本完整
尺寸（cm） 高 19.3，口径 18，腰径 18.5，腰沿宽 2，腰径 15.4，底径 9

崧泽文化弦纹黑衣陶罐

藏品编号 4571
年　　代 前 6000~ 前 5300
文物类别 陶器
文物级别 三级
实际件数 1
完残程度 基本完整
尺寸（cm） 口径 5，高 9.5，腹经 9.5，底径 4.8

崧泽文化黑衣泥质陶豆

藏品编号 4568
年　　代 前 6000~ 前 5300
文物类别 陶器
文物级别 三级
实际件数 1
完残程度 基本完整
尺寸（cm） 口径 9.8，高 6.4，底径 6.8

良渚文化螺旋纹彩陶球

藏品编号 3227
年　　代 前 5300~ 前 4300
文物类别 陶器
文物级别 三级
实际件数 1
完残程度 完整
尺寸（cm） 直径 4

良渚文化刻划弦纹黑皮陶壶

藏品编号 4583
年　　代 前5300~前4300
文物类别 陶器
文物级别 三级
实际件数 1
完残程度 基本完整
尺寸（cm） 口径8，高12.6，底径9.4，腹径15

马桥文化陶鸭形壶

藏品编号 1676
年　　代 前3900~前3200
文物类别 陶器
文物级别 三级
实际件数 1
完残程度 基本完整
尺寸（cm） 高11.4，口径9，底径9

马桥文化斜方格纹印纹双系陶罐

藏品编号 4589
年　　代 前3900~前3200
文物类别 陶器
文物级别 三级
实际件数 1
完残程度 基本完整
尺寸（cm） 高14，口径14.4，腹径20.6

马桥文化陶埙

藏品编号 6052-971
年　　代 前3900~前3200
文物类别 陶器
文物级别 三级
实际件数 1
完残程度 完整
尺寸（cm） 通高7，口径1

马桥文化圈点纹陶拍

藏品编号　4819
年　　代　前 3900~ 前 3200
文物类别　陶器
文物级别　三级
实际件数　1
完残程度　完整
尺寸（cm）　高 9.3，最宽 4.7

马桥文化曲折纹双耳黑陶罐

藏品编号　4582
年　　代　前 3900~ 前 3200
文物类别　陶器
文物级别　三级
实际件数　1
完残程度　基本完整
尺寸（cm）　口径 13.4，高 13.8，腹径 20.2

马桥文化黑陶罐

藏品编号　4584
年　　代　前 3900~ 前 3200
文物类别　陶器
文物级别　三级
实际件数　1
完残程度　基本完整
尺寸（cm）　口径 10.8，高 12.5，底径 6.2，腹径 18.6

西周弦纹广口陶罐

藏品编号　5401
年　　代　前 1046~ 前 771
文物类别　陶器
文物级别　三级
实际件数　1
完残程度　完整
尺寸(cm)　高 11.2，口径 15.5，腹径 20.5，底径 8.4

西周曲折纹陶罐

藏品编号　4515
年　　代　前 1046~ 前 771
文物类别　陶器
文物级别　三级
实际件数　1
完残程度　基本完整
尺寸(cm)　口径 12，高 9.8，底径 11.6，腹径 16.8

西周双系组合纹羊纽盖陶簋

藏品编号　4555
年　　代　前 1046~ 前 771
文物类别　陶器
文物级别　三级
实际件数　1
完残程度　基本完整
尺寸(cm)　高 45.8，口径 27.3，腹径 52.9，底径 29

西周曲折纹短颈陶罐

藏品编号　4526
年　　代　前 1046~ 前 771
文物类别　陶器
文物级别　三级
实际件数　1
完残程度　基本完整
尺寸(cm)　口径 11.2，高 6.6，底径 11.6，腹径 14.8

西周大平底回纹印纹硬陶罐

藏品编号　4521
年　　代　前 1046~前 771
文物类别　陶器
文物级别　三级
实际件数　1
完残程度　完整
尺寸（cm）　口径 14.4，高 10.5，底径 13.8，腹径 19.2

西周旋纹曲折纹双耳陶罐

藏品编号　4518-417
年　　代　前 1046~前 771
文物类别　陶器
文物级别　三级
实际件数　1
完残程度　完整
尺寸（cm）　高 7.4，口径 8.1，腹径 14.1，底径 11.1

西周曲折纹陶罐

藏品编号　4553-454
年　　代　前 1046~前 771
文物类别　陶器
文物级别　三级
实际件数　1
完残程度　完整
尺寸（cm）　高 9，口径 11.9，腹径 16.9，底径 13.9

西周组合印纹陶罐

藏品编号　3811-400
年　　代　前 1046~前 771
文物类别　陶器
文物级别　三级
实际件数　1
完残程度　完整
尺寸（cm）　通高 10.5，口径 11.3，腹径 16，底径 11.7

西周回纹鼓腹硬陶罐

藏品编号　367
年　　代　前 1046~ 前 771
文物类别　陶器
文物级别　三级
实际件数　1
完残程度　残缺
尺寸（cm）　高 9.3，口径 13.3，底径 14.9

西周组合纹双系陶罐

藏品编号　6062-981
年　　代　前 1046~ 前 771
文物类别　陶器
文物级别　三级
实际件数　1
完残程度　完整
尺寸（cm）　通高 8.5，口径 8.5，腹径 14.5，底径 11

西周水波纹四系陶罐

藏品编号　6055
年　　代　前 1046~ 前 771
文物类别　陶器
文物级别　三级
实际件数　1
完残程度　完整
尺寸（cm）　通宽 16，通高 7.2，口径 10.6，底径 9.5

西周回纹广口陶罐

藏品编号　4529
年　　代　前 1046~ 前 771
文物类别　陶器
文物级别　三级
实际件数　1
完残程度　完整
尺寸（cm）　口径 14.4，高 11，底径 13.6，腹径 19.6

西周曲折纹小陶罐

藏品编号 4533-432
年　　代 前 1046~ 前 771
文物类别 陶器
文物级别 三级
实际件数 1
完残程度 基本完整
尺寸（cm） 高 7，口径 7.9，腹径 11.5，底径 8.2

西周大平底回纹印纹硬陶罐

藏品编号 4538
年　　代 前 1046~ 前 771
文物类别 陶器
文物级别 三级
实际件数 1
完残程度 基本完整
尺寸（cm） 口径 18.6，高 16.8，底径 19.6，腹径 26.8

西周大平底曲折纹印纹硬陶罐

藏品编号 4552
年　　代 前 1046~ 前 771
文物类别 陶器
文物级别 三级
实际件数 1
完残程度 完整
尺寸（cm） 通高 8.4，口径 10.7，通宽 14.6，底径 10.4

西周大平底扁鼓腹回纹印纹硬陶罐

藏品编号 1654
年　　代 前 1046~ 前 771
文物类别 陶器
文物级别 三级
实际件数 1
完残程度 基本完整
尺寸（cm） 高 11.2，口径 12，腹围 18.3，底径 14.8

西周小陶盂

藏品编号 6056-975
年　代 前1046~前771
文物类别 陶器
文物级别 三级
实际件数 1
完残程度 完整
尺寸(cm) 通高4，口径8，底径5.5

西周大平底曲折纹印纹硬陶罐

藏品编号 4520
年　代 前1046~前771
文物类别 陶器
文物级别 三级
实际件数 1
完残程度 完整
尺寸(cm) 口径4，高3，底径4.6，腹径5.4

西周大平底曲折纹印纹硬陶罐

藏品编号 4536
年　代 前1046~前771
文物类别 陶器
文物级别 三级
实际件数 1
完残程度 基本完整
尺寸(cm) 高10.6，口径12.8，腹径17.6，底径14

西周组合纹印纹硬陶罐

藏品编号 5789
年　代 前1046~前771
文物类别 陶器
文物级别 三级
实际件数 1
完残程度 基本完整
尺寸(cm) 高22.6，口径14.5，腹径25.5，底径15.8

西周大平底回纹印纹硬陶罐

藏品编号 4539
年　代 前 1046~前 771
文物类别 陶器
文物级别 三级
实际件数 1
完残程度 基本完整
尺寸（cm） 口径 15.2，高 10.8，底径 14.4，腹径 18.4

西周大平底回纹印纹硬陶罐

藏品编号 4524
年　代 前 1046~前 771
文物类别 陶器
文物级别 三级
实际件数 1
完残程度 完整
尺寸（cm） 口径 13.8，高 11.1，底径 15.6，腹径 19.2

西周曲折纹假方座印纹硬陶尊

藏品编号 4554
年　代 前 1046~前 771
文物类别 陶器
文物级别 三级
实际件数 1
完残程度 基本完整
尺寸（cm） 口径 16，高 16.6，腹径 19.6，底边长 12.6

西周曲折纹假圆座陶尊

藏品编号 4531
年　代 前 1046~前 771
文物类别 陶器
文物级别 三级
实际件数 1
完残程度 基本完整
尺寸（cm） 口径 15.2，高 17.8，底径 17.6，腹径 23.2

西周大平底扁鼓腹曲折纹印纹硬陶罐

藏品编号 368
年　　代 前1046~前771
文物类别 陶器
文物级别 三级
实际件数 1
完残程度 完整
尺寸(cm) 高10.6，口径14，腹围18.4，底径14

西周泥质红陶罐

藏品编号 5402
年　　代 前1046~前771
文物类别 陶器
文物级别 三级
实际件数 1
完残程度 基本完整
尺寸(cm) 高9.5，口径12.5，腹径16.6，底径8

春秋曲折纹印纹硬陶罐

藏品编号 1669
年　　代 前770~前476
文物类别 陶器
文物级别 三级
实际件数 1
完残程度 完整
尺寸(cm) 高7.8，口径8，底径10.3，腹围13.5

春秋水波纹敛口陶罐

藏品编号 1681
年　　代 前770~前476
文物类别 陶器
文物级别 三级
实际件数 1
完残程度 完整
尺寸(cm) 高10.5，口径11.4，底径10.8，腹围20.2

春秋小方格纹印纹硬陶罐

藏品编号 5795
年　　代 前 770~ 前 476
文物类别 陶器
文物级别 三级
实际件数 1
完残程度 基本完整
尺寸（cm） 高 13.2，口径 11.4，腹径 18.5，底径 13.8

春秋米筛纹陶罐

藏品编号 6053-972
年　　代 前 770~ 前 476
文物类别 陶器
文物级别 三级
实际件数 1
完残程度 完整
尺寸（cm） 通高 12.5，口径 11.8，腹径 20，底径 16.5

春秋米筛纹印纹硬陶罐

藏品编号 5783
年　　代 前 770~ 前 476
文物类别 陶器
文物级别 三级
实际件数 1
完残程度 完整
尺寸（cm） 高 13.7，口径 11.9，腹径 18.3，底径 14.5

春秋大平底米筛纹印纹硬陶罐

藏品编号 5785
年　　代 前 770~ 前 476
文物类别 陶器
文物级别 三级
实际件数 1
完残程度 完整
尺寸（cm） 高 13.2，口径 10.6，腹径 17.7，底径 13.5

春秋水波纹陶瓮

藏品编号 5779
年　　代 前770~前476
文物类别 陶器
文物级别 三级
实际件数 1
完残程度 基本完整
尺寸(cm) 高28，口径18.5，腹径32.3，底径22.3

春秋米筛纹印纹硬陶罐

藏品编号 5786
年　　代 前770~前476
文物类别 陶器
文物级别 三级
实际件数 1
完残程度 完整
尺寸(cm) 高13.2，口径9.8，腹径17.4，底径8.6

春秋编织纹印纹硬陶瓮

藏品编号 5780
年　　代 前770~前476
文物类别 陶器
文物级别 三级
实际件数 1
完残程度 基本完整
尺寸(cm) 高31.5，口径19.2，腹径32.8，底径16.7

春秋组合纹陶坛

藏品编号 5794
年　　代 前770~前476
文物类别 陶器
文物级别 三级
实际件数 1
完残程度 完整
尺寸(cm) 高46，口径22.3，腹径40.2，底径22

## 春秋组合纹硬陶罐

藏品编号 5791
年　　代 前 770~ 前 476
文物类别 陶器
文物级别 三级
实际件数 1
完残程度 完整
尺寸（cm） 高 38.4，口径 18.6，腹径 34，底径 18.5

## 春秋组合纹印纹硬陶坛

藏品编号 5793
年　　代 前 770~ 前 476
文物类别 陶器
文物级别 三级
实际件数 1
完残程度 完整
尺寸（cm） 高 43.2，口径 18.9，腹径 36.8，底径 21

## 春秋方格填线组合纹印纹硬陶坛

藏品编号 5792
年　　代 前 770~ 前 476
文物类别 陶器
文物级别 三级
实际件数 1
完残程度 完整
尺寸（cm） 高 47.7，口径 27，腹径 39.3，底径 22.8

春秋方格纹硬陶罐

藏品编号 5787
年 代 前770~前476
文物类别 陶器
文物级别 三级
实际件数 1
完残程度 基本完整
尺寸（cm） 高17.3，口径10.9，腹径19.1，底径12

春秋米筛纹印纹硬陶罐

藏品编号 5784
年 代 前770~前476
文物类别 陶器
文物级别 三级
实际件数 1
完残程度 残缺
尺寸（cm） 口径10.8，高14.5，腹径18.6，底经12.5

春秋米筛纹陶罐

藏品编号 5782
年 代 前770~前476
文物类别 陶器
文物级别 三级
实际件数 1
完残程度 基本完整
尺寸（cm） 高29.2，口径20.8，腹径35.4，底径22

春秋细方格纹陶罐

藏品编号 5796
年 代 前770~前476
文物类别 陶器
文物级别 三级
实际件数 1
完残程度 基本完整
尺寸（cm） 高12.5，口径11.2，腹径18.5，底径13.2

春秋方格纹陶罐

藏品编号 5410-710
年　　代 前770~前476
文物类别 陶器
文物级别 三级
实际件数 1
完残程度 完整
尺寸(cm) 高23.5，口径18.5，腹径31，底径15

春秋黑衣泥质陶盘

藏品编号 231
年　　代 前770~前476
文物类别 陶器
文物级别 三级
实际件数 1
完残程度 基本完整
尺寸(cm) 高5.3，口径22.4，底径17.1

春秋小方格纹双系陶罐

藏品编号 5788
年　　代 前770~前476
文物类别 陶器
文物级别 三级
实际件数 1
完残程度 基本完整
尺寸(cm) 高15.6，口径10，腹径15.4，底径10.3

春秋叶脉纹印纹硬陶罐

藏品编号 5781
年　　代 前770~前476
文物类别 陶器
文物级别 三级
实际件数 1
完残程度 完整
尺寸(cm) 高10.4，口径11.9，腹径18.4，底径12.3

战国杉叶纹鼓腹双系硬陶罐

藏品编号 3997
年　　代 前 475~ 前 221
文物类别 陶器
文物级别 三级
实际件数 1
完残程度 基本完整
尺寸（cm） 高 16.5，腹围 22，口径 12.3，底径 15，耳径 5.2

战国布纹敛口印纹硬陶罐

藏品编号 1613
年　　代 前 475~ 前 221
文物类别 陶器
文物级别 三级
实际件数 1
完残程度 完整
尺寸（cm） 高 7，口径 7.7，底径 6.5

战国圆肩双系黑陶罐

藏品编号 3996
年　　代 前 475~ 前 221
文物类别 陶器
文物级别 三级
实际件数 1
完残程度 完整
尺寸（cm） 通高 17.5，腹围 24.5，口径 14.7，底径 16，耳径 2.2

战国麻布纹三足筒形陶罐

藏品编号 6058-977
年　　代 前 475~ 前 221
文物类别 陶器
文物级别 三级
实际件数 1
完残程度 完整
尺寸（cm） 通高 10，口径 13，底径 11.7

战国圆鼓腹麻布纹陶罐

藏品编号　1615
年　　代　前 475~ 前 221
文物类别　陶器
文物级别　三级
实际件数　1
完残程度　完整
尺寸（cm）　高 7.4，口径 7.8，底径 8，腹径 11

战国小方格纹陶罐

藏品编号　6054-973
年　　代　前 475~ 前 221
文物类别　陶器
文物级别　三级
实际件数　1
完残程度　完整
尺寸（cm）　高 16.5，口径 11.5，腹径 21，底径 13.8

战国麻布纹三足筒形陶罐

藏品编号　6057
年　　代　前 475~ 前 221
文物类别　陶器
文物级别　三级
实际件数　1
完残程度　完整
尺寸（cm）　通宽 14.8，通高 10.3，口径 12.2，底径 10.5

战国斜直腹米字纹印纹硬陶罐

藏品编号　1606
年　　代　前 475~ 前 221
文物类别　陶器
文物级别　三级
实际件数　1
完残程度　完整
尺寸（cm）　高 20.5，口径 11.4，底径 9.4

战国布纹筒形陶罐

藏品编号 5411
年　　代 前475~前221
文物类别 陶器
文物级别 三级
实际件数 1
完残程度 完整
尺寸(cm) 口径5.2，高15.4，底径8，腹径10.3

汉双系敞口陶壶

藏品编号 6060-979
年　　代 前206~220
文物类别 陶器
文物级别 三级
实际件数 1
完残程度 完整
尺寸(cm) 通高22，口径10.5，腹径17.5，底径10.5

西汉陶钵

藏品编号 383
年　　代 前206~8
文物类别 陶器
文物级别 三级
实际件数 1
完残程度 完整
尺寸(cm) 高5.3，口径16.1，底径6.8

西汉泥质黑陶豆

藏品编号 285
年　　代 前206~8
文物类别 陶器
文物级别 三级
实际件数 1
完残程度 基本完整
尺寸(cm) 高11.9，口径15，底径8.5

西汉黑陶盆

藏品编号 364
年　　代 前206~8
文物类别 陶器
文物级别 三级
实际件数 1
完残程度 基本完整
尺寸(cm) 高7.2，口径34.2，底径23

西汉绳纹硬陶井圈

藏品编号 1756
年　　代 前206~8
文物类别 陶器
文物级别 三级
实际件数 1
完残程度 基本完整
尺寸(cm) 直径71，高30，厚3.4

西汉绳纹硬陶井圈

藏品编号 1754
年　　代 前206~8
文物类别 陶器
文物级别 三级
实际件数 1
完残程度 基本完整
尺寸(cm) 直径73，高36，厚4.2

西汉绳纹硬陶井圈

藏品编号 1753
年　　代 前206~8
文物类别 陶器
文物级别 三级
实际件数 1
完残程度 基本完整
尺寸（cm） 直径70，高34，厚3.5

西汉绳纹硬陶井圈

藏品编号 1755
年　　代 前206~8
文物类别 陶器
文物级别 三级
实际件数 1
完残程度 基本完整
尺寸（cm） 直径76，高30，厚3.4

西汉绳纹硬陶井圈

藏品编号 1757
年　　代 前206~8
文物类别 陶器
文物级别 三级
实际件数 1
完残程度 基本完整
尺寸（cm） 直径70，高35，厚3.5

西汉绳纹硬陶井圈

藏品编号 1752
年　　代 前206~8
文物类别 陶器
文物级别 三级
实际件数 1
完残程度 基本完整
尺寸（cm） 直径74，高35，厚3.5

西汉绳纹硬陶井圈

藏品编号 1758
年　代 前206~8
文物类别 陶器
文物级别 三级
实际件数 1
完残程度 基本完整
尺寸(cm) 直径74，高35，厚3.5

西汉绳纹硬陶井圈

藏品编号 1759
年　代 前206~8
文物类别 陶器
文物级别 三级
实际件数 1
完残程度 基本完整
尺寸(cm) 直径71，高35，厚3.9

东晋酱釉钱币纹陶瓮

藏品编号 5767
年　代 317~420
文物类别 陶器
文物级别 三级
实际件数 1
完残程度 完整
尺寸(cm) 高55.7，口径39.5，腹径64.8，底径24.6

宋莲瓣纹陶敛口罐

藏品编号 1738
年　代 960~1279
文物类别 陶器
文物级别 三级
实际件数 1
完残程度 完整
尺寸(cm) 高19，口径13.2，腹径31，底径23.7

宋瓜棱纹锥型状陶香插

藏品编号 4718
年　代 960~1279
文物类别 陶器
文物级别 三级
实际件数 1
完残程度 基本完整
尺寸(cm) 高 5.3，底径 4.3

宋子母口陶奁

藏品编号 5391
年　代 960~1279
文物类别 陶器
文物级别 三级
实际件数 1
完残程度 完整
尺寸(cm) 通高 6.5，盖径 7，口径 6.2，底径 7

宋酱釉直口带把陶壶

藏品编号 4683
年　代 960~1279
文物类别 陶器
文物级别 三级
实际件数 1
完残程度 基本完整
尺寸(cm) 通高 3.5，口径 9.2，腹径 15.2，底径 8

宋筒形双系陶罐

藏品编号 4690
年　代 960~1279
文物类别 陶器
文物级别 三级
实际件数 1
完残程度 基本完整
尺寸(cm) 高 11.8，口径 6.2，底径 5.7

马桥文化青铜块

藏品编号　5969
年　　代　前 3900~前 3200
文物类别　铜器
文物级别　三级
实际件数　1
完残程度　完整
尺寸（cm）　长 8.5，宽 6，最厚 2.2

西周方銎单面刃青铜斧

藏品编号　822
年　　代　前 1046~前 771
文物类别　铜器
文物级别　三级
实际件数　1
完残程度　完整
尺寸（cm）　通长 8.8，刃部宽 3.5，銎口长 2.5，宽 2

西周青铜锛

藏品编号　823
年　　代　前 1046~前 771
文物类别　铜器
文物级别　三级
实际件数　1
完残程度　完整
尺寸（cm）　通长 9.6，刃部宽 5.4，銎口长 4，宽 2.6

春秋折肩青铜斧

藏品编号　757
年　　代　前 770~前 476
文物类别　铜器
文物级别　三级
实际件数　1
完残程度　完整
尺寸（cm）　通长 7.6，銎口长 3.8，宽 2.1，刃部宽 5.8

春秋环首梭锥形青铜钻

藏品编号　657
年　　代　前 770~前 476
文物类别　铜器
文物级别　三级
实际件数　1
完残程度　完整
尺寸（cm）　通长 10，上部圆直径 4

战国方銎双面刃青铜斧

藏品编号　772
年　　代　前 475~前 221
文物类别　铜器
文物级别　三级
实际件数　1
完残程度　完整
尺寸（cm）　通长 10.3，刃部宽 4.5，銎口长 3.9，宽 2.9

战国长方銎单面刃青铜斧

藏品编号　761
年　　代　前 475~前 221
文物类别　铜器
文物级别　三级
实际件数　1
完残程度　完整
尺寸（cm）　通长 10.8，刃部宽 4.6，銎口长 3.6，宽 3

战国方銎双面刃青铜斧

藏品编号　780
年　　代　前 475~前 221
文物类别　铜器
文物级别　三级
实际件数　1
完残程度　完整
尺寸（cm）　通长 10.1，銎口长 3.7，宽 3.3，刃部宽 4.4

战国长方銎单面刃青铜斧

藏品编号　774
年　　代　前 475~前 221
文物类别　铜器
文物级别　三级
实际件数　1
完残程度　完整
尺寸（cm）　通长 8.6，刃部宽 5.4，銎口长 4.3，宽 1.6

战国椭圆銎弧刃青铜锛

藏品编号　820
年　　代　前 475~前 221
文物类别　铜器
文物级别　三级
实际件数　1
完残程度　完整
尺寸（cm）　通高 7.5，刃部宽 4，銎口长 2.7，宽 1.6

战国方銎单面刃青铜斧

藏品编号 776
年　　代 前475~前221
文物类别 铜器
文物级别 三级
实际件数 1
完残程度 完整
尺寸（cm） 通长10.4，刃部4.3，銎口长3.5，宽2.8

战国长方銎双面刃青铜斧

藏品编号 824
年　　代 前475~前221
文物类别 铜器
文物级别 三级
实际件数 1
完残程度 完整
尺寸（cm） 通高10.3，刃部宽4.6，銎口长2.8，宽1.8

战国长方形銎双面刃青铜斧

藏品编号 821
年　　代 前475~前221
文物类别 铜器
文物级别 三级
实际件数 1
完残程度 完整
尺寸（cm） 通高9.3，刃部宽5.3，銎口长3.2，宽1.3

战国长方銎单面刃青铜斧

藏品编号 782
年　　代 前475~前221
文物类别 铜器
文物级别 三级
实际件数 1
完残程度 完整
尺寸（cm） 通长11.9，刃部宽3.4，銎口长4，宽3.5

战国方銎弧刃青铜斧

藏品编号 777
年　　代 前475~前221
文物类别 铜器
文物级别 三级
实际件数 1
完残程度 完整
尺寸（cm） 通长9.2，銎口长4.8，宽3.2，刃部宽5

战国单面刃青铜斧

藏品编号 826
年　　代 前475~前221
文物类别 铜器
文物级别 三级
实际件数 1
完残程度 完整
尺寸（cm） 通长9.8，刃宽5.3，銎口长3.6，宽1.9

### 战国长方形銎宽刃青铜锛

藏品编号　733
年　　代　前475~前221
文物类别　铜器
文物级别　三级
实际件数　1
完残程度　完整
尺寸（cm）　通长6.4，刃部宽6，銎口长2.8，宽1

### 战国折肩青铜锛

藏品编号　784
年　　代　前475~前221
文物类别　铜器
文物级别　三级
实际件数　1
完残程度　完整
尺寸（cm）　通高7.5，刃部宽7.7，銎口长3，宽1.5

### 战国长方銎弧肩宽刃青铜锛

藏品编号　734
年　　代　前475~前221
文物类别　铜器
文物级别　三级
实际件数　1
完残程度　完整
尺寸（cm）　通长5.9，刃部宽5.6，长2.6，宽0.9

### 战国时期青铜鱼镖

藏品编号　662
年　　代　前475~前221
文物类别　铜器
文物级别　三级
实际件数　1
完残程度　完整
尺寸（cm）　通长13.2

### 战国青铜镰

藏品编号　789
年　　代　前475~前221
文物类别　铜器
文物级别　三级
实际件数　1
完残程度　完整
尺寸（cm）　长13，柄3.6

战国青铜镰

藏品编号 748
年　　代 前475~前221
文物类别 铜器
文物级别 三级
实际件数 1
完残程度 完整
尺寸(cm)、通长 14.2，宽 4.6

战国青铜镰

藏品编号 756
年　　代 前475~前221
文物类别 铁器、其他金属器
文物级别 三级
实际件数 1
完残程度 完整
尺寸(cm) 通长 12，柄长 5.6

战国青铜镰

藏品编号 747
年　　代 前475~前221
文物类别 铜器
文物级别 三级
实际件数 1
完残程度 完整
尺寸(cm) 通长 13.8，宽 4.2

战国靴形青铜耘田器

藏品编号 738
年　　代 前475~前221
文物类别 铜器
文物级别 三级
实际件数 1
完残程度 完整
尺寸(cm) 通长 17.6，宽 5

战国青铜镰

藏品编号 753
年　　代 前475~前221
文物类别 铜器
文物级别 三级
实际件数 1
完残程度 完整
尺寸(cm) 通长 15.2，宽 4.5

战国靴形青铜破土器

藏品编号 737
年　　代 前475~前221
文物类别 铜器
文物级别 三级
实际件数 1
完残程度 完整
尺寸(cm) 通长 20.2，宽 5.1

战国青铜削

藏品编号 683
年　　代 前475~前221
文物类别 铜器
文物级别 三级
实际件数 1
完残程度 完整
尺寸(cm) 通长27.4，宽1.9

战国直把青铜削

藏品编号 674
年　　代 前475~前221
文物类别 铜器
文物级别 三级
实际件数 1
完残程度 完整
尺寸(cm) 通长19.4，刀身长11.2，身宽1.6，柄长8.2

东汉神兽铭文铜镜

藏品编号 24
年　　代 25~220
文物类别 铜器
文物级别 三级
实际件数 1
完残程度 完整
尺寸(cm) 直径11.6，钮径1.8，厚0.5

唐海兽葡萄纹铜镜

藏品编号 141
年　　代 618~907
文物类别 铜器
文物级别 三级
实际件数 1
完残程度 完整
尺寸(cm) 直径14.65，厚1.1，钮径2.4

汉四乳四凤青铜镜

藏品编号 23
年　代 前206~220
文物类别 铜器
文物级别 三级
实际件数 1
完残程度 基本完整
尺寸(cm) 直径10.9，钮径2，厚0.6

唐龙凤纹亚字形铜镜

藏品编号 32
年　代 618~907
文物类别 铜器
文物级别 三级
实际件数 1
完残程度 完整
尺寸(cm) 直径15.1，厚0.4

西汉柿蒂钮八乳博局纹铜镜

藏品编号 6045
年　代 前206~8
文物类别 铜器
文物级别 三级
实际件数 1
完残程度 完整
尺寸(cm) 直径11.2，厚0.5

五代亚字形铜镜

藏品编号 43
年　代 907~960
文物类别 铜器
文物级别 三级
实际件数 1
完残程度 完整
尺寸(cm) 边长13.5，钮长1.2，厚0.4

宋“长命富贵”铭铜镜

藏品编号 25
年　　代 960~1279
文物类别 铜器
文物级别 三级
实际件数 1
完残程度 完整
尺寸(cm) 直径27，钮径2.3，厚0.65

宋双鱼纹铜镜

藏品编号 100
年　　代 960~1279
文物类别 铜器
文物级别 三级
实际件数 1
完残程度 完整
尺寸(cm) 直径9.2，厚0.4，钮径1.2

宋“湖州石家”铭六葵形铜镜

藏品编号 2
年　　代 960~1279
文物类别 铜器
文物级别 三级
实际件数 1
完残程度 完整
尺寸(cm) 直径14.8，钮径0.6，厚0.4

宋“湖州石七郎”铭六葵形铜镜

藏品编号 38
年　　代 960~1279
文物类别 铜器
文物级别 三级
实际件数 1
完残程度 完整
尺寸(cm) 直径12，钮径1，厚0.3

宋“湖州”铭八菱形铜镜

藏品编号 5805
年　　代 960~1279
文物类别 铜器
文物级别 三级
实际件数 1
完残程度 基本完整
尺寸（cm） 直径 20

宋桃形湖州石家铜镜

藏品编号 34
年　　代 960~1279
文物类别 铜器
文物级别 三级
实际件数 1
完残程度 完整
尺寸（cm） 长 10.1，宽 8.6，钮径 1.2，厚 0.4

宋素面八葵铜镜

藏品编号 12
年　　代 960~1279
文物类别 铜器
文物级别 三级
实际件数 1
完残程度 完整
尺寸（cm） 直径 15.1，钮径 1.1，厚 0.5

宋“湖州南庙前街西石家”铭方形铜镜

藏品编号 36
年　　代 960~1279
文物类别 铜器
文物级别 三级
实际件数 1
完残程度 完整
尺寸（cm） 纵 12，横 11.4，钮径 1.2，厚 0.5

元缠枝花纹菱边铜镜

藏品编号 83
年　　代 1206~1368
文物类别 铜器
文物级别 三级
实际件数 1
完残程度 完整
尺寸（cm） 直径 30.5，厚 0.6，钮径 1.9

明仿汉龙纹铜镜

藏品编号 15
年　　代 1368~1644
文物类别 铜器
文物级别 三级
实际件数 1
完残程度 完整
尺寸（cm） 直径 10.9，钮径 2.3，厚 0.8

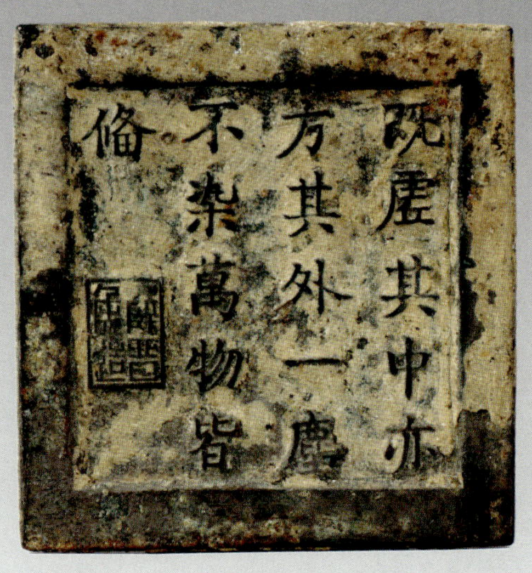


明“薛晋侯造”“既虚其中”铭方形铜镜

藏品编号 5803
年　　代 1368~1644
文物类别 铜器
文物级别 三级
实际件数 1
完残程度 完整
尺寸（cm） 边长 10.2

明“湖州薛惠公自造”“长命富贵”铭铜镜

藏品编号 130
年　　代 1368~1644
文物类别 铜器
文物级别 三级
实际件数 1
完残程度 完整
尺寸（cm） 直径 32.1，厚 1.1，钮径 3.2

明“湖州薛晋侯造”铭铜执镜

藏品编号 5802
年　　代 1368~1644
文物类别 铜器
文物级别 三级
实际件数 1
完残程度 完整
尺寸（cm） 直径 16.2，柄长 12.2，柄宽 3.9

明委角方形有柄铭文铜镜

藏品编号 82
年　　代 1368~1644
文物类别 铜器
文物级别 三级
实际件数 1
完残程度 基本完整
尺寸（cm） 镜径 7.9，柄长 7.1，柄宽 2.7，厚 0.6

日本莲花纹铜执镜

藏品编号 68
年　　代 15 世纪
文物类别 铜器
文物级别 三级
实际件数 1
完残程度 完整
尺寸（cm） 镜径 12.7，厚 0.4，柄长 9.1，柄宽 2.1

东汉扁柄青铜鐎斗

藏品编号　5807
年　　代　25~220
文物类别　铜器
文物级别　三级
实际件数　1
完残程度　基本完整
尺寸（cm）　高 15.3，口径 18.4

西晋龙首把三足青铜鐎斗

藏品编号　5808
年　　代　265~317
文物类别　铜器
文物级别　三级
实际件数　1
完残程度　基本完整
尺寸（cm）　通高 16.6，口径 16.6

南朝龙把首三足青铜鐎斗

藏品编号　5806
年　　代　420~589
文物类别　铜器
文物级别　三级
实际件数　1
完残程度　基本完整
尺寸（cm）　通高 12.2，口径 12.1

东汉长柄青铜熨斗

藏品编号　872
年　　代　25~220
文物类别　铜器
文物级别　三级
实际件数　1
完残程度　基本完整
尺寸（cm）　柄长 33，口径 16，高 5.8

唐带柄长方铜熨斗

藏品编号　6046
年　　代　618~907
文物类别　铜器
文物级别　三级
实际件数　1
完残程度　完整
尺寸（cm）　通长 21.9，口径 13.2×8.6

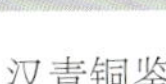

汉青铜鉴

藏品编号　6068-457
年　　代　前 206~220
文物类别　铜器
文物级别　三级
实际件数　1
完残程度　基本完整
尺寸（cm）　通高 6.5，口径 38.5，底径 19.5

汉铜壶

藏品编号　6047-452
年　　代　前 206~220
文物类别　铜器
文物级别　三级
实际件数　1
完残程度　基本完整
尺寸（cm）　通高 12.2，口径 9.4，腹径 18，底径 22

宋变体云雷纹铜鬲

藏品编号 830
年　　代 960~1279
文物类别 铜器
文物级别 三级
实际件数 1
完残程度 基本完整
尺寸(cm) 高9.6，口径6.3

宋蟠虺纹双龙首耳铜壶

藏品编号 832
年　　代 960~1279
文物类别 铜器
文物级别 三级
实际件数 1
完残程度 完整
尺寸(cm) 通高20.6，口径6.4

宋铜则

藏品编号 5809
年　　代 960~1279
文物类别 铜器
文物级别 三级
实际件数 1
完残程度 完整
尺寸(cm) 通长24，柄长16.5，宽0.8，匙长7.6

宋铜匙

藏品编号 860-242
年　　代 960~1279
文物类别 铜器
文物级别 三级
实际件数 1
完残程度 完整
尺寸(cm) 长22.5

宋三足铜龟形兽

藏品编号 6050-455
年　　代 960~1279
文物类别 铜器
文物级别 三级
实际件数 1
完残程度 完整
尺寸(cm) 长 11.5，高 7.5

清铜胎掐丝珐琅花卉纹瓶

藏品编号 905
年　　代 1616~1911
文物类别 铜器
文物级别 三级
实际件数 1
完残程度 基本完整
尺寸(cm) 高 23.7，口径 6

# 长兴县博物馆　三级文物

## 04· 武器（32件）

马桥文化石镞

藏品编号　4607-309
年　　代　前 3900~ 前 3200
文物类别　武器
文物级别　三级
实际件数　1
完残程度　完整
尺寸（cm）　长 8.5，宽 1.8

西周狭援短胡三穿青铜戈

藏品编号　701
年　　代　前 1046~ 前 771
文物类别　武器
文物级别　三级
实际件数　1
完残程度　完整
尺寸（cm）　通长 28，锋长 21，内长 7，内宽 3.6，胡长 8.4，栏长 12.5

西周青铜镞

藏品编号　659
年　　代　前 1046~ 前 771
文物类别　武器
文物级别　三级
实际件数　1
完残程度　基本完整
尺寸（cm）　通长 12.1，叶最宽 4.5，铤长 2.5

西周青铜镞

藏品编号　719
年　　代　前 1046~ 前 771
文物类别　武器
文物级别　三级
实际件数　1
完残程度　完整
尺寸（cm）　通长 9.5，叶最宽 4.5，铤 2.2

春秋厚格圆茎有箍青铜剑

藏品编号　643
年　　代　前 770~ 前 476
文物类别　武器
文物级别　三级
实际件数　1
完残程度　基本完整
尺寸（cm）　残长 30.2，身长 20.9，身最宽 3.9，格长 1.6，格宽 4.1，颈长 7.7，首径 3.2

春秋青铜箭镞

藏品编号 715
年　　代 前770~前476
文物类别 武器
文物级别 三级
实际件数 1
完残程度 完整
尺寸（cm） 通长7，叶最宽4.2，铤2.6

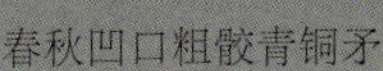

春秋凹口粗骹青铜矛

藏品编号 703
年　　代 前770~前476
文物类别 武器
文物级别 三级
实际件数 1
完残程度 完整
尺寸（cm） 通长19.6，叶最宽3.6，柄长9.5，叶长10.1

战国厚格圆茎有箍青铜剑

藏品编号 618
年　　代 前475~前221
文物类别 武器
文物级别 三级
实际件数 1
完残程度 完整
尺寸（cm） 通长31.3，身长23.4，最宽2.6，茎长6.6

战国厚格圆茎有箍青铜剑

藏品编号 648
年　　代 前475~前221
文物类别 武器
文物级别 三级
实际件数 1
完残程度 基本完整
尺寸（cm） 残长35.5，身残长26.9，身最宽3.2，格长1.4，格宽3.8，茎长7，首径2.5~2.8

战国青铜剑

藏品编号 634
年　　代 前475~前221
文物类别 武器
文物级别 三级
实际件数 1
完残程度 基本完整
尺寸（cm） 通长34.6，剑身长26.3，剑茎长8.3

### 战国狭刃长骹青铜矛

藏品编号 724-106
年　　代 前475~前221
文物类别 武器
文物级别 三级
实际件数 1
完残程度 完整
尺寸（cm） 通长23.8，矛身长14

### 战国方銎双面弧刃青铜斧

藏品编号 807
年　　代 前475~前221
文物类别 武器
文物级别 三级
实际件数 1
完残程度 完整
尺寸（cm） 通长8.9，銎口纵2.9、横2.7，刃部宽3.7

### 战国圆銎直把青铜镦

藏品编号 636
年　　代 前475~前221
文物类别 武器
文物级别 三级
实际件数 1
完残程度 完整
尺寸（cm） 通长10.1，镦銎高5.6，镦宽2.6，镦高4.5，镦座径6.1，銎口径2.8-2.4

### 战国圭援长胡青铜戈

藏品编号 699
年　　代 前475~前221
文物类别 武器
文物级别 三级
实际件数 1
完残程度 完整
尺寸（cm） 通长19.3，内长5.6，内宽2.5，锋长13.8，栏10.6，胡长9.7

### 战国圭援长胡青铜戈

藏品编号 691
年　　代 前475~前221
文物类别 武器
文物级别 三级
实际件数 1
完残程度 基本完整
尺寸（cm） 残长20.4，锋长18.1，内残长2.3，内宽2.8，胡长11，栏长11.4

战国阔叶刃凹口粗骹单系青铜矛

藏品编号　725
年　　代　前 475~ 前 221
文物类别　武器
文物级别　三级
实际件数　1
完残程度　完整
尺寸（cm）　通长 19.4，矛身长 10.8，柄 9.5

战国宽骹狭刃单系青铜矛

藏品编号　678
年　　代　前 475~ 前 221
文物类别　武器
文物级别　三级
实际件数　1
完残程度　完整
尺寸（cm）　通长 13.4，叶长 8.1，叶最宽 2.7，柄长 5.3，銎口直径 1.9

战国狭刃长骹青铜矛

藏品编号　670
年　　代　前 475~ 前 221
文物类别　武器
文物级别　三级
实际件数　1
完残程度　基本完整
尺寸（cm）　通残长 21.8，叶长 13.8，叶最宽 2.4，柄长 8，銎口直径 1.8

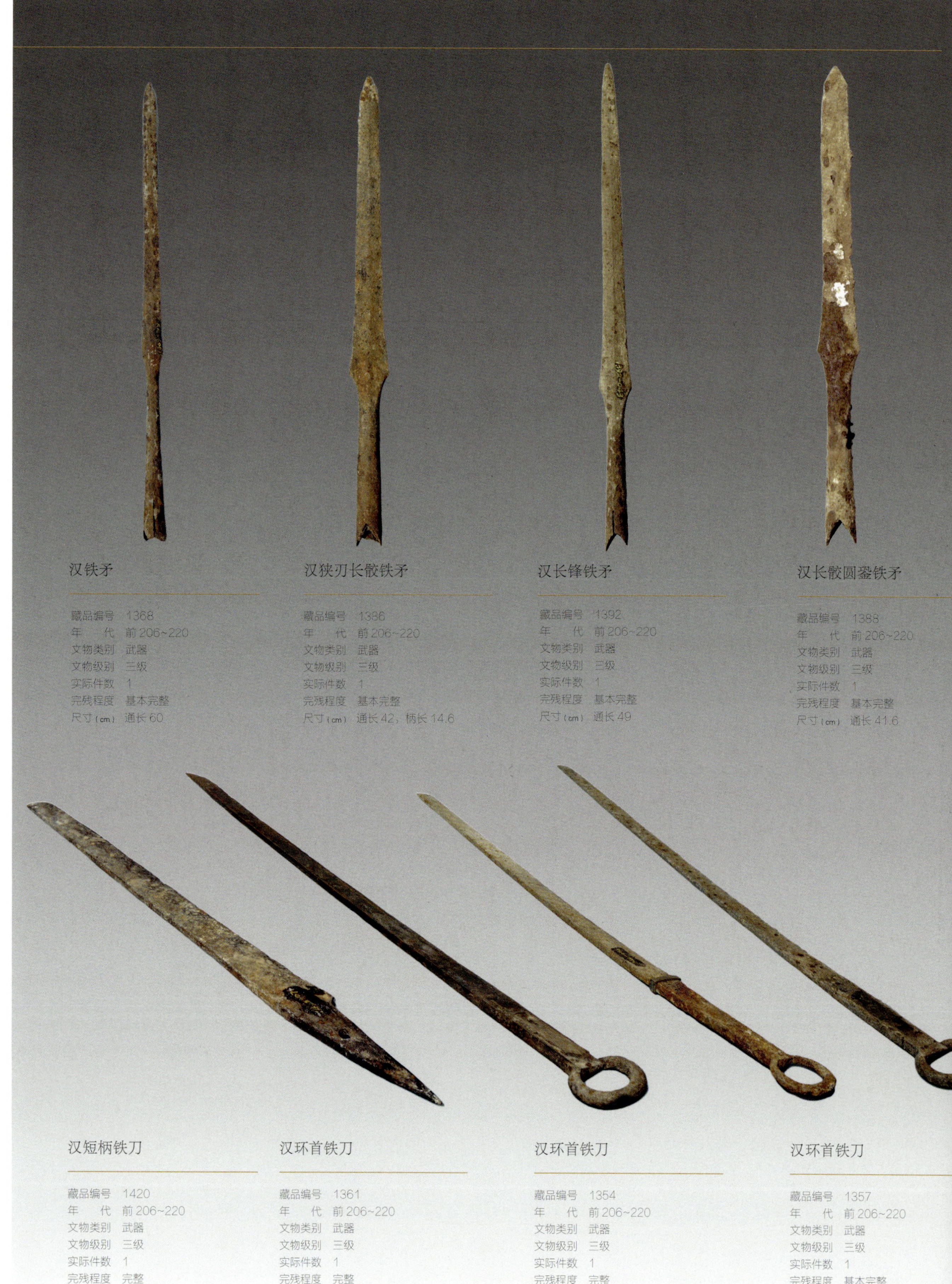

汉铁矛

藏品编号 1368
年　代 前206~220
文物类别 武器
文物级别 三级
实际件数 1
完残程度 基本完整
尺寸（cm） 通长60

汉狭刃长骹铁矛

藏品编号 1386
年　代 前206~220
文物类别 武器
文物级别 三级
实际件数 1
完残程度 基本完整
尺寸（cm） 通长42，柄长14.6

汉长锋铁矛

藏品编号 1392
年　代 前206~220
文物类别 武器
文物级别 三级
实际件数 1
完残程度 基本完整
尺寸（cm） 通长49

汉长骹圆銎铁矛

藏品编号 1388
年　代 前206~220
文物类别 武器
文物级别 三级
实际件数 1
完残程度 基本完整
尺寸（cm） 通长41.6

汉短柄铁刀

藏品编号 1420
年　代 前206~220
文物类别 武器
文物级别 三级
实际件数 1
完残程度 完整
尺寸（cm） 通长45.4，宽2.7，柄长9

汉环首铁刀

藏品编号 1361
年　代 前206~220
文物类别 武器
文物级别 三级
实际件数 1
完残程度 完整
尺寸（cm） 纵85.6，横2.4，柄长12.3，环首5.3×4.3

汉环首铁刀

藏品编号 1354
年　代 前206~220
文物类别 武器
文物级别 三级
实际件数 1
完残程度 完整
尺寸（cm） 长92，宽2.5，柄长18，环首直径4.4

汉环首铁刀

藏品编号 1357
年　代 前206~220
文物类别 武器
文物级别 三级
实际件数 1
完残程度 基本完整
尺寸（cm） 长99.5，宽2.5，柄长

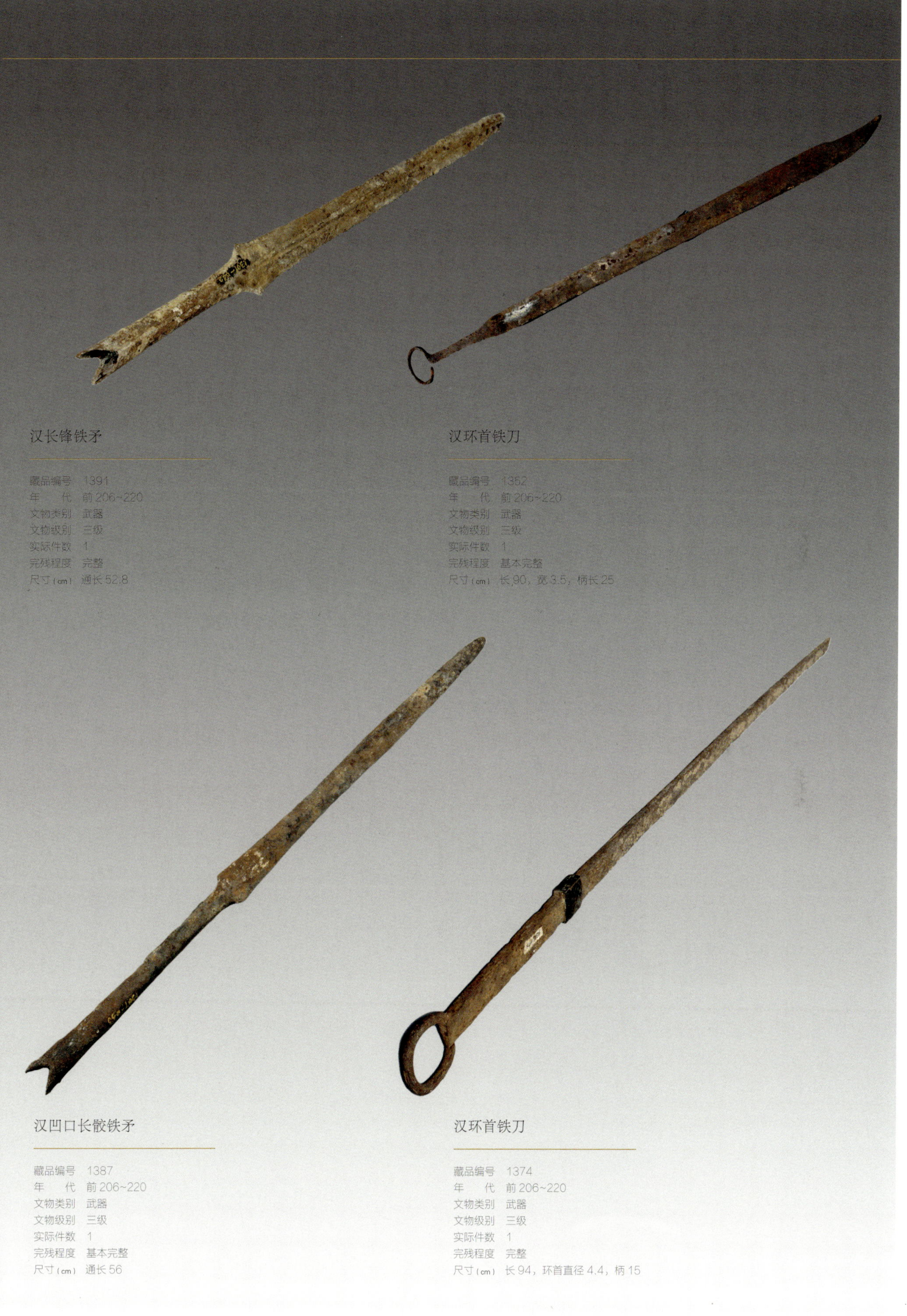

汉长锋铁矛

藏品编号 1391
年　　代 前206~220
文物类别 武器
文物级别 三级
实际件数 1
完残程度 完整
尺寸（cm） 通长52.8

汉环首铁刀

藏品编号 1352
年　　代 前206~220
文物类别 武器
文物级别 三级
实际件数 1
完残程度 基本完整
尺寸（cm） 长90，宽3.5，柄长25

汉凹口长骹铁矛

藏品编号 1387
年　　代 前206~220
文物类别 武器
文物级别 三级
实际件数 1
完残程度 基本完整
尺寸（cm） 通长56

汉环首铁刀

藏品编号 1374
年　　代 前206~220
文物类别 武器
文物级别 三级
实际件数 1
完残程度 完整
尺寸（cm） 长94，环首直径4.4，柄15

西汉鎏金青铜矛

藏品编号 6067-456
年　　代 前 206~8
文物类别 武器
文物级别 三级
实际件数 1
完残程度 完整
尺寸（cm） 柄长 12.5，剑长 36，宽 2.5

清同治赵景贤监制铜炮

藏品编号 1565-413
年　　代 1862~1874
文物类别 武器
文物级别 三级
实际件数 1
完残程度 基本完整
尺寸（cm） 长 1.33，口径 11.5，后座最大直径 26.5

## 05. 玻璃器（1件）

宋绿琉璃簪

藏品编号　5823
年　　代　960~1279
文物类别　玻璃器
文物级别　三级
实际件数　1
完残程度　完整
尺寸(cm)　通长 17.5

# 长兴县博物馆　三级文物

## 06. 瓷器（73件）

商双宽耳原始瓷尊

藏品编号　219-69
年　　代　前 1600~ 前 1046
文物类别　瓷器
文物级别　三级
实际件数　1
完残程度　基本完整
尺寸(cm)　口径 14.5，底径 12，通高 17.5

商弦纹原始瓷罐

藏品编号　4585-486
年　　代　前 1600~ 前 1046
文物类别　瓷器
文物级别　三级
实际件数　1
完残程度　完整
尺寸(cm)　口径 11.1，腹径 16.7，底径 8，通高 9

西周青釉原始瓷豆

藏品编号　4501
年　　代　前 1046~ 前 771
文物类别　瓷器
文物级别　三级
实际件数　1
完残程度　基本完整
尺寸(cm)　口径 10.4，高 4.2，底径 6.4，腹径 11.6

西周原始瓷豆

藏品编号　5957-758
年　　代　前 1046~ 前 771
文物类别　瓷器
文物级别　三级
实际件数　1
完残程度　完整
尺寸(cm)　通长 7，口径 7.5，底径 6.5，腹径 11

西周青釉原始瓷豆

藏品编号 4505
年　　代 前1046~前771
文物类别 瓷器
文物级别 三级
实际件数 1
完残程度 完整
尺寸（cm） 口径9，高4.5，底径5.1

春秋原始瓷盅式碗

藏品编号 5775
年　　代 前770~前476
文物类别 瓷器
文物级别 三级
实际件数 1
完残程度 完整
尺寸（cm） 高5.1，口径9.4，底径5

春秋青釉弦纹原始瓷盅式碗

藏品编号 218
年　　代 前770~前476
文物类别 瓷器
文物级别 三级
实际件数 1
完残程度 基本完整
尺寸（cm） 高8，口径11.3，底径5.6

春秋青釉原始瓷盅式碗

藏品编号 5778
年　　代 前770~前476
文物类别 瓷器
文物级别 三级
实际件数 1
完残程度 完整
尺寸（cm） 高5.3，口径9.5，底径5.4

春秋中晚期原始瓷双系罐

藏品编号 5971-770
年　　代 春秋中晚期
文物类别 瓷器
文物级别 三级
实际件数 1
完残程度 基本完整
尺寸（cm） 口径 11，底径 10，腹径 16，通高 10.5

春秋青釉原始瓷盅式碗

藏品编号 5776
年　　代 前 770~ 前 476
文物类别 瓷器
文物级别 三级
实际件数 1
完残程度 完整
尺寸（cm） 高 5.8，口径 9.8，底径 4.6

战国青釉原始瓷盅式碗

藏品编号 2937
年　　代 前 475~ 前 221
文物类别 瓷器
文物级别 三级
实际件数 1
完残程度 基本完整
尺寸（cm） 高 7.1，口径 12.6，底径 6.5

战国青釉弦纹原始瓷盅式碗

藏品编号 2933
年　　代 前 475~ 前 221
文物类别 瓷器
文物级别 三级
实际件数 1
完残程度 基本完整
尺寸（cm） 高 9.25，口径 17.3，底径 9.1

战国青釉原始瓷盅式碗

藏品编号　2801
年　　代　前475~前221
文物类别　瓷器
文物级别　三级
实际件数　1
完残程度　完整
尺寸(cm)　高3.6，口径7，底径4

战国青釉C形纹原始瓷镇

藏品编号　6051
年　　代　前475~前221
文物类别　瓷器
文物级别　三级
实际件数　1
完残程度　完整
尺寸(cm)　底径6.5，腹径8.6，通高6.5

战国青釉原始瓷盅式碗

藏品编号　5777
年　　代　前475~前221
文物类别　瓷器
文物级别　三级
实际件数　1
完残程度　基本完整
尺寸(cm)　高5.9，口径10.5，底径5.4

汉双系原始瓷敞口壶

藏品编号　6061-980
年　　代　前206~220
文物类别　瓷器
文物级别　三级
实际件数　1
完残程度　完整
尺寸(cm)　口径13.5，底径10.7，通高28.5，腹径22.5

汉弦纹双系原始瓷罐

藏品编号 334
年　代 前206~220
文物类别 瓷器
文物级别 三级
实际件数 1
完残程度 完整
尺寸（cm） 高10.8，口径11.8，腹径15.4，底径7.6

汉弦纹双系原始瓷罐

藏品编号 6059-978
年　代 前206~220
文物类别 瓷器
文物级别 三级
实际件数 1
完残程度 完整
尺寸（cm） 口径13.2，底径11.5，通高18.8，腹径22.5

西汉弦纹双系瓷罐

藏品编号 6065-982
年　代 前206~8
文物类别 瓷器
文物级别 三级
实际件数 1
完残程度 完整
尺寸（cm） 口径12，底径11，通高17.5，腹径19.5

西汉弦纹双系原始瓷罐

藏品编号 6066-983
年　代 前206~8
文物类别 瓷器
文物级别 三级
实际件数 1
完残程度 完整
尺寸（cm） 口径10.4，底径10.5，通高19.5，腹径22

西晋青釉直口双系瓷罐

藏品编号　2919
年　　代　265~317
文物类别　瓷器
文物级别　三级
实际件数　1
完残程度　完整
尺寸（cm）　高 8，口径 7.2，腹径 11.9，底径 6，系径 2.4

西晋双系青瓷盖罐

藏品编号　3987
年　　代　265~317
文物类别　瓷器
文物级别　三级
实际件数　1
完残程度　完整
尺寸（cm）　通高 6.4，口径 5，腹径 10.8，盖径 6.2，盖高 0.8，底径 5.4

西晋青瓷虎子

藏品编号　4901
年　　代　265~317
文物类别　瓷器
文物级别　三级
实际件数　1
完残程度　完整
尺寸（cm）　通长 24.3，通高 15.8，通宽 13.3，口径 5.5

东晋青瓷鸡首壶

藏品编号　5770
年　　代　317~420
文物类别　瓷器
文物级别　三级
实际件数　1
完残程度　完整
尺寸（cm）　高 20.2，腹径 18.6，底径 12.2

东晋褐釉双翼纹羊形器

藏品编号 5772
年 代 317~420
文物类别 瓷器
文物级别 三级
实际件数 1
完残程度 基本完整
尺寸（cm） 通高 13.4，体长 16.9

东晋青釉弦纹瓷碗

藏品编号 5774
年 代 317~420
文物类别 瓷器
文物级别 三级
实际件数 1
完残程度 完整
尺寸（cm） 高 5.8，口径 14.8，底径 6.8

东晋青瓷碗

藏品编号 5773
年 代 317~420
文物类别 瓷器
文物级别 三级
实际件数 1
完残程度 完整
尺寸（cm） 高 5.8，口径 14.8，底径 6.8

东晋德清窑青釉瓷鸡首壶

藏品编号 2958
年　代 317~420
文物类别 瓷器
文物级别 三级
实际件数 1
完残程度 完整
尺寸(cm) 腹径 19，底径 11，口径 7.2，通高 23

东晋青釉带盘点褐彩瓷四足盏

藏品编号 406
年　代 317~420
文物类别 瓷器
文物级别 三级
实际件数 1
完残程度 残缺
尺寸(cm) 高 8.6，盘口径 18.6，盏口径 12.6，底径 16.2

南朝双系青瓷罐

藏品编号 2935
年　代 420~589
文物类别 瓷器
文物级别 三级
实际件数 1
完残程度 基本完整
尺寸(cm) 高 6.8，口径 7.6，腹径 12.8，系径 2.6，底径 9.8

南朝青釉桥形钮盘口瓷罐

藏品编号 2970
年　代 420~589
文物类别 瓷器
文物级别 三级
实际件数 1
完残程度 基本完整
尺寸(cm) 高 43.7，口径 13.7，腹径 32.4，底径 20.8

南北朝青釉瓷碗

藏品编号 5771
年　　代 420~589
文物类别 瓷器
文物级别 三级
实际件数 1
完残程度 基本完整
尺寸（cm） 高 5.4，口径 15.6，底径 8.2

隋青釉双复系瓷盘口壶

藏品编号 2957
年　　代 581~618
文物类别 瓷器
文物级别 三级
实际件数 1
完残程度 基本完整
尺寸（cm） 高 37，口径 15.8，腹径 17，底径 11.1

唐青釉璧形底瓷碗

藏品编号 4789
年　　代 618~907
文物类别 瓷器
文物级别 三级
实际件数 1
完残程度 基本完整
尺寸（cm） 高 4.6，口径 14.8，底径 5.9

唐青釉敛口璧底瓷碗

藏品编号 4786
年　　代 618~907
文物类别 瓷器
文物级别 三级
实际件数 1
完残程度 基本完整
尺寸（cm） 高 4.8，口径 14.8，底径 6.7

唐酱釉带盖双系瓷壶

藏品编号 4746
年　　代 618~907
文物类别 瓷器
文物级别 三级
实际件数 1
完残程度 基本完整
尺寸(cm) 通高 18.1，口径 7.6，腹径 11.8，底径 6.8

唐青釉璧形底瓷碗

藏品编号 4787
年　　代 618~907
文物类别 瓷器
文物级别 三级
实际件数 1
完残程度 完整
尺寸(cm) 高 4.7，口径 14.7，底径 5.7

唐青釉四系瓷罐

藏品编号 4806-655
年　　代 618~907
文物类别 瓷器
文物级别 三级
实际件数 1
完残程度 完整
尺寸(cm) 口径 8.5，底径 7.5，通高 15.5，腹径 15

宋青釉瓷罐

藏品编号 4696
年　　代 960~1279
文物类别 瓷器
文物级别 三级
实际件数 1
完残程度 完整
尺寸(cm) 高 6.9，口径 6.4，腹径 9.6，底径 5

宋天目黑釉瓷碗

藏品编号　4852
年　　代　960~1279
文物类别　瓷器
文物级别　三级
实际件数　1
完残程度　完整
尺寸（cm）　高 5，口径 12.3，底径 4

宋青白釉模印缠枝纹瓷粉盒

藏品编号　5439
年　　代　960~1279
文物类别　瓷器
文物级别　三级
实际件数　1
完残程度　完整
尺寸（cm）　高 4.2，内径 6.4，外径 7.9，底径 6.6

宋青白瓷葵形粉盒

藏品编号　3797-510
年　　代　960~1279
文物类别　瓷器
文物级别　三级
实际件数　1
完残程度　完整
尺寸（cm）　口径 8.5，通高 3.8

宋青白釉印花瓷小粉盒

藏品编号　5441
年　　代　960~1279
文物类别　瓷器
文物级别　三级
实际件数　1
完残程度　完整
尺寸（cm）　通高 2.8，内径 2.7，外径 3.8，底径 3.1

宋青白瓷印花粉盒

藏品编号 5440
年　　代 960~1279
文物类别 瓷器
文物级别 三级
实际件数 1
完残程度 完整
尺寸（cm） 高 4.2，内径 6.3，外径 7.5，底径 6

宋虎形瓷枕

藏品编号 5985-933
年　　代 960~1279
文物类别 瓷器
文物级别 三级
实际件数 1
完残程度 基本完整
尺寸（cm） 底径 17，通高 9

宋建窑黑釉瓷兔毫盏

藏品编号 5436
年　　代 960~1279
文物类别 瓷器
文物级别 三级
实际件数 1
完残程度 完整
尺寸（cm） 高 6.6，口径 12.5，底径 4

宋白釉出筋瓷碗

藏品编号 226
年　　代 960~1279
文物类别 瓷器
文物级别 三级
实际件数 1
完残程度 完整
尺寸（cm） 高 2.6，口径 12.3，底径 4.1

### 宋出筋白釉瓷盘

藏品编号 229
年　　代 960~1279
文物类别 瓷器
文物级别 三级
实际件数 1
完残程度 完整
尺寸（cm） 高5.4，口径19.5，底径6.5

### 宋出筋白釉瓷盘

藏品编号 227
年　　代 960~1279
文物类别 瓷器
文物级别 三级
实际件数 1
完残程度 完整
尺寸（cm） 高5.4，口径19.5，底径6.5

### 宋白釉出筋瓷碗

藏品编号 225
年　　代 960~1279
文物类别 瓷器
文物级别 三级
实际件数 1
完残程度 完整
尺寸（cm） 高2.6，口径12.3，底径4.1

### 宋黑釉高颈双系瓷执壶

藏品编号 4677
年　　代 960~1279
文物类别 瓷器
文物级别 三级
实际件数 1
完残程度 基本完整
尺寸（cm） 高21，口径10.4，腹径14.5，底径8

宋酱釉筒形双系瓷罐

藏品编号 4687
年　　代 960~1279
文物类别 瓷器
文物级别 三级
实际件数 1
完残程度 完整
尺寸(cm) 高 13.3，口径 6.5，底径 6.5

宋折腹白瓷碗

藏品编号 5442
年　　代 960~1279
文物类别 瓷器
文物级别 三级
实际件数 1
完残程度 完整
尺寸(cm) 通高 4.1，口径 13.8，底径 7.4

宋白釉瓷盘

藏品编号 228
年　　代 960~1279
文物类别 瓷器
文物级别 三级
实际件数 1
完残程度 完整
尺寸(cm) 高 5.4，口径 19.5，底径 6.5

宋青白釉缠枝牡丹纹瓷香熏

藏品编号 5444
年　　代 960~1279
文物类别 瓷器
文物级别 三级
实际件数 1
完残程度 完整
尺寸(cm) 高 9.6，内径 8.9，外径 10.5，底径 9.3，足高 0.9

宋酱釉直口瓷罐

藏品编号 4695
年　　代 960~1279
文物类别 瓷器
文物级别 三级
实际件数 1
完残程度 基本完整
尺寸(cm) 高 9.8，口径 11.3，腹径 13.3，底径 7.5

元影青瓷碗

藏品编号 203
年　　代 1206~1368
文物类别 瓷器
文物级别 三级
实际件数 1
完残程度 完整
尺寸(cm) 高5.4，口径18，底径5.9

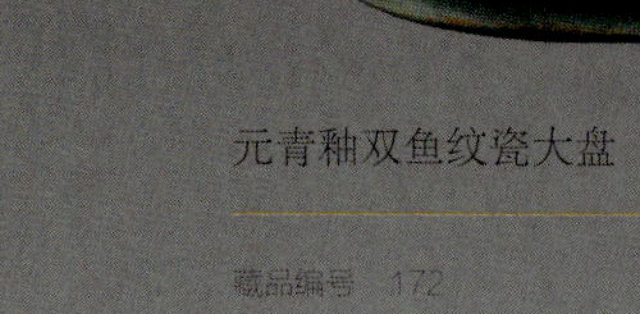

元青釉双鱼纹瓷大盘

藏品编号 172
年　　代 1206~1368
文物类别 瓷器
文物级别 三级
实际件数 1
完残程度 完整
尺寸(cm) 口径26.2，底径10.6，高4.8

元龙泉窑青釉莲瓣纹瓷盘

藏品编号 169
年　　代 1206~1368
文物类别 瓷器
文物级别 三级
实际件数 1
完残程度 完整
尺寸(cm) 高5.2，口径20.8，底径8.5

元印花青瓷小盆

藏品编号 164
年　　代 1206~1368
文物类别 瓷器
文物级别 三级
实际件数 1
完残程度 完整
尺寸(cm) 口径14.7，底径7.6，高3.8

元影青瓷盆

藏品编号 196
年　　代 1206~1368
文物类别 瓷器
文物级别 三级
实际件数 1
完残程度 完整
尺寸(cm) 高5.1，口径18，底径5.9

元影青瓷碗

藏品编号　410
年　　代　1206~1368
文物类别　瓷器
文物级别　三级
实际件数　1
完残程度　完整
尺寸(cm)　高 8.2，口径 16.6，底径 5.6

元影青釉瓷盘

藏品编号　195
年　　代　1206~1368
文物类别　瓷器
文物级别　三级
实际件数　1
完残程度　完整
尺寸(cm)　高 5.1，口径 9，底径 5.9

元青白瓷碗

藏品编号　409
年　　代　1206~1368
文物类别　瓷器
文物级别　三级
实际件数　1
完残程度　完整
尺寸(cm)　高 8.2，口径 16.6，底径 5.6

元影青釉瓷碗

藏品编号　411
年　　代　1206~1368
文物类别　瓷器
文物级别　三级
实际件数　1
完残程度　基本完整
尺寸(cm)　高 8.2，口径 16.6，底径 5.6

元白釉瓷碗

藏品编号　412
年　　代　1206~1368
文物类别　瓷器
文物级别　三级
实际件数　1
完残程度　基本完整
尺寸(cm)　高 8.2，口径 16.6，底径 5.6

元青瓷花瓶

藏品编号 3805
年　代 1206~1368
文物类别 瓷器
文物级别 三级
实际件数 1
完残程度 完整
尺寸(cm) 高 24.9，口径 9.9，腹径 12.9，底径 7.7

明白釉折腹铜镶口瓷碟

藏品编号 3991
年　代 1368~1644
文物类别 瓷器
文物级别 三级
实际件数 1
完残程度 完整
尺寸(cm) 高 2.8，口径 11.6，底径 4

明传世哥窑型瓷三足炉

藏品编号 6027-779
年　代 1368~1644
文物类别 瓷器
文物级别 三级
实际件数 1
完残程度 基本完整
尺寸(cm) 口径 9，底径 10，通高 6.7，足 1，耳 1.5

明传世哥窑型瓷贯耳瓶

藏品编号 6028-780
年　代 1368~1644
文物类别 瓷器
文物级别 三级
实际件数 1
完残程度 基本完整
尺寸(cm) 口径 2，底径 5，通高 11.5，腹径 8

清蓝釉瓷盆

藏品编号 3068
年　　代 1616~1911
文物类别 瓷器
文物级别 三级
实际件数 1
完残程度 完整
尺寸（cm） 高 4.9，口径 20.8，底径 13

清景德镇窑青釉三足瓷炉

藏品编号 168
年　　代 1616~1911
文物类别 瓷器
文物级别 三级
实际件数 1
完残程度 完整
尺寸（cm） 高 9.5，口径 12.2，腹径 15.6

清祭红瓷瓶

藏品编号 3069
年　　代 1616~1911
文物类别 瓷器
文物级别 三级
实际件数 1
完残程度 完整
尺寸（cm） 高 19.7，口径 6.9，腹径 11.7，底径 7.1

## 长兴县博物馆　三级文物

### 07· 金银器（105件）

#### 唐镂空凤凰缠枝花纹银钗

藏品编号　981
年　　代　618~907
文物类别　金银器
文物级别　三级
实际件数　1
完残程度　基本完整
尺寸(cm)　长 37，钗杆长 24.2

#### 唐镂空鸟凤海棠花卷云蔓草纹银钗

藏品编号　985
年　　代　618~907
文物类别　金银器
文物级别　三级
实际件数　1
完残程度　基本完整
尺寸(cm)　长 32，钗针长 24

#### 唐镂空鸳鸯缠枝花纹银钗

藏品编号　979
年　　代　618~907
文物类别　金银器
文物级别　三级
实际件数　1
完残程度　基本完整
尺寸(cm)　长 34.6，钗针长 24

#### 唐鱼衔灵芝纹银钗

藏品编号　997
年　　代　618~907
文物类别　金银器
文物级别　三级
实际件数　1
完残程度　完整
尺寸(cm)　全长 27.5，簪针长 19

#### 唐镂空鸳鸯缠枝花纹银钗

藏品编号　980
年　　代　618~907
文物类别　金银器
文物级别　三级
实际件数　1
完残程度　残缺
尺寸(cm)　长 26.8，钗针长 23.7

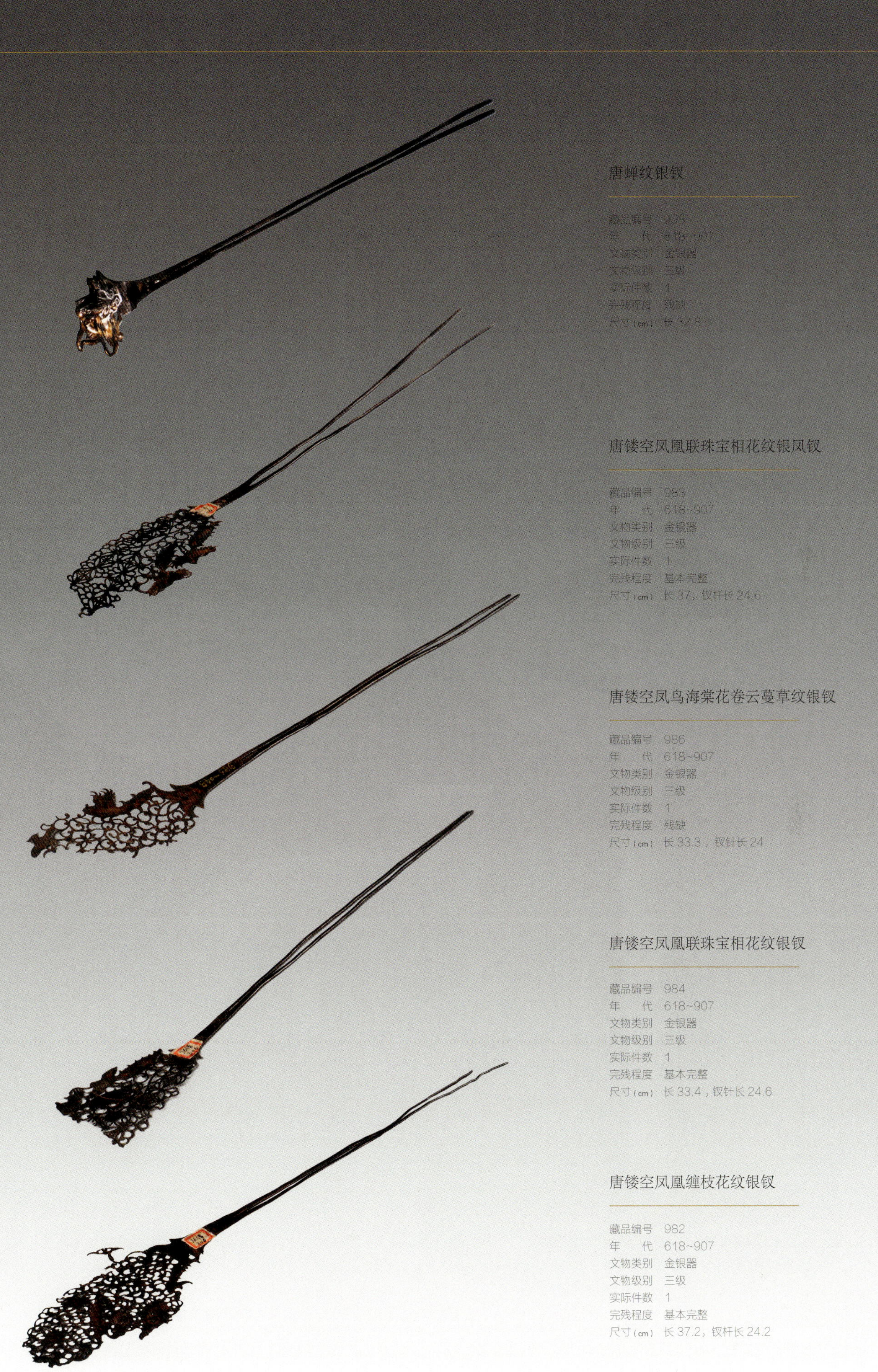

## 唐蝉纹银钗

藏品编号 985
年　　代 618~907
文物类别 金银器
文物级别 三级
实际件数 1
完残程度 残缺
尺寸（cm） 长 32.8

## 唐镂空凤凰联珠宝相花纹银凤钗

藏品编号 983
年　　代 618~907
文物类别 金银器
文物级别 三级
实际件数 1
完残程度 基本完整
尺寸（cm） 长 37，钗杆长 24.6

## 唐镂空凤鸟海棠花卷云蔓草纹银钗

藏品编号 986
年　　代 618~907
文物类别 金银器
文物级别 三级
实际件数 1
完残程度 残缺
尺寸（cm） 长 33.3，钗针长 24

## 唐镂空凤凰联珠宝相花纹银钗

藏品编号 984
年　　代 618~907
文物类别 金银器
文物级别 三级
实际件数 1
完残程度 基本完整
尺寸（cm） 长 33.4，钗针长 24.6

## 唐镂空凤凰缠枝花纹银钗

藏品编号 982
年　　代 618~907
文物类别 金银器
文物级别 三级
实际件数 1
完残程度 基本完整
尺寸（cm） 长 37.2，钗杆长 24.2

## 唐花鸟纹银钏

藏品编号 948
年　　代 618~907
文物类别 金银器
文物级别 三级
实际件数 1
完残程度 完整
尺寸（cm） 圆径分别为 13~15.8

## 唐锤揲十字花卉纹银手镯

藏品编号 945
年　　代 618~907
文物类别 金银器
文物级别 三级
实际件数 1
完残程度 完整
尺寸（cm） 圆径 5.4-5.8，面宽 0.8

## 唐摩羯纹银八曲长杯

藏品编号 949
年　　代 618~907
文物类别 金银器
文物级别 三级
实际件数 1
完残程度 基本完整
尺寸（cm） 高 2.9，口径纵 11.3、横 7.2

## 唐珍珠地花纹银手镯

藏品编号 944
年　　代 618~907
文物类别 金银器
文物级别 三级
实际件数 1
完残程度 基本完整
尺寸（cm） 圆径 5.4~5.8，面宽 0.8

唐五曲莲瓣形高足银杯

藏品编号 950
年 代 618~907
文物类别 金银器
文物级别 三级
实际件数 1
完残程度 完整
尺寸（cm） 高 7.4，圈足高 3，口径 9.3，足径 6.2

唐五曲莲瓣形平底银杯

藏品编号 951
年 代 618~907
文物类别 金银器
文物级别 三级
实际件数 1
完残程度 完整
尺寸（cm） 高 4.4，口径 10.7，底径 4.8

唐五曲莲瓣形平底银杯

藏品编号 952
年 代 618~907
文物类别 金银器
文物级别 三级
实际件数 1
完残程度 完整
尺寸（cm） 高 4.7，口径 12.6，底径 5

唐素面圆口银碗

藏品编号 953
年 代 618~907
文物类别 金银器
文物级别 三级
实际件数 1
完残程度 完整
尺寸（cm） 高 3.5，口径 11.3，底径 3.5

唐四曲莲瓣椭圆形长柄银勺

藏品编号 955
年　　代 618~907
文物类别 金银器
文物级别 三级
实际件数 1
完残程度 完整
尺寸（cm） 全长 31.2，柄长 25.4，勺口长 8.8，宽 6.1，勺底深 3

唐花纹柄素面银匙

藏品编号 962-024
年　　代 618~907
文物类别 金银器
文物级别 三级
实际件数 1
完残程度 完整
尺寸（cm） 全长 30.5，柄长 22.8，匙面 8.4，匙面宽 4.1

唐素面银则

藏品编号 963
年　　代 618~907
文物类别 金银器
文物级别 三级
实际件数 1
完残程度 完整
尺寸（cm） 全长 33，柄长 24，匙面 8.5，匙面宽 4.2

## 唐光素长柄银勺

藏品编号 964
年　　代 618~907
文物类别 金银器
文物级别 三级
实际件数 1
完残程度 完整
尺寸（cm） 全长33，柄长24.8，匙面8.5，匙面宽4.2

## 唐素面银则

藏品编号 965
年　　代 618~907
文物类别 金银器
文物级别 三级
实际件数 1
完残程度 完整
尺寸（cm） 全长33，柄长24.8，匙面8.5，匙面宽4.2

## 唐素面银则

藏品编号 966
年　　代 618~907
文物类别 金银器
文物级别 三级
实际件数 1
完残程度 完整
尺寸（cm） 全长33，柄长24.8，匙面8.5，匙面宽4.2

## 唐素面银则

藏品编号 967
年　　代 618~907
文物类别 金银器
文物级别 三级
实际件数 1
完残程度 完整
尺寸（cm） 全长33，柄长24.8，匙面8.5，匙面宽4.2

## 唐素面银则

藏品编号 968
年　　代 618~907
文物类别 金银器
文物级别 三级
实际件数 1
完残程度 完整
尺寸（cm） 全长33，柄长24.8，匙面8.5，匙面宽4.2

## 唐银匙

藏品编号 969
年　　代 618~907
文物类别 金银器
文物级别 三级
实际件数 1
完残程度 完整
尺寸（cm） 全长 33，柄长 24.8，匙面 8.5，匙面宽 4.2

## 唐素面银则

藏品编号 970
年　　代 618~907
文物类别 金银器
文物级别 三级
实际件数 1
完残程度 完整
尺寸（cm） 全长 33，柄长 24.8，匙面 8.5，匙面宽 4.2

## 唐素面银匙

藏品编号 971
年　　代 618~907
文物类别 金银器
文物级别 三级
实际件数 1
完残程度 完整
尺寸（cm） 全长 33，柄长 24.8，匙面 8.5，匙面宽 4.2

## 唐素面银则

藏品编号 972
年　　代 618~907
文物类别 金银器
文物级别 三级
实际件数 1
完残程度 完整
尺寸（cm） 全长 33，柄长 24.8，匙面 8.5，匙面宽 4.2

## 唐素面银则

藏品编号 973
年　　代 618~907
文物类别 金银器
文物级别 三级
实际件数 1
完残程度 完整
尺寸（cm） 全长 33，柄长 24.8，匙面 8.5，匙面宽 4.2

### 唐素面银则

藏品编号 974
年　　代 618~907
文物类别 金银器
文物级别 三级
实际件数 1
完残程度 完整
尺寸（cm） 全长 33，柄长 24.8，匙面 8.5，匙面宽 4.2

### 唐素面银则

藏品编号 975
年　　代 618~907
文物类别 金银器
文物级别 三级
实际件数 1
完残程度 完整
尺寸（cm） 全长 33，柄长 24.8，匙面 8.5，匙面宽 4.2

### 唐锤堞素面长柄银勺

藏品编号 976
年　　代 618~907
文物类别 金银器
文物级别 三级
实际件数 1
完残程度 完整
尺寸（cm） 全长 30.5，柄长 23.4，匙面 9，匙面宽 3.9

### 唐素面空心柄银则

藏品编号 977
年　　代 618~907
文物类别 金银器
文物级别 三级
实际件数 1
完残程度 完整
尺寸（cm） 全长 30.5，柄长 23.4，匙面 9，匙面宽 3.9

### 唐素面空心柄银匙

藏品编号 978
年　　代 618~907
文物类别 金银器
文物级别 三级
总件数 17
完残程度 完整
尺寸（cm） 全长 30.5，柄长 23.4，匙面 9，宽 3.9

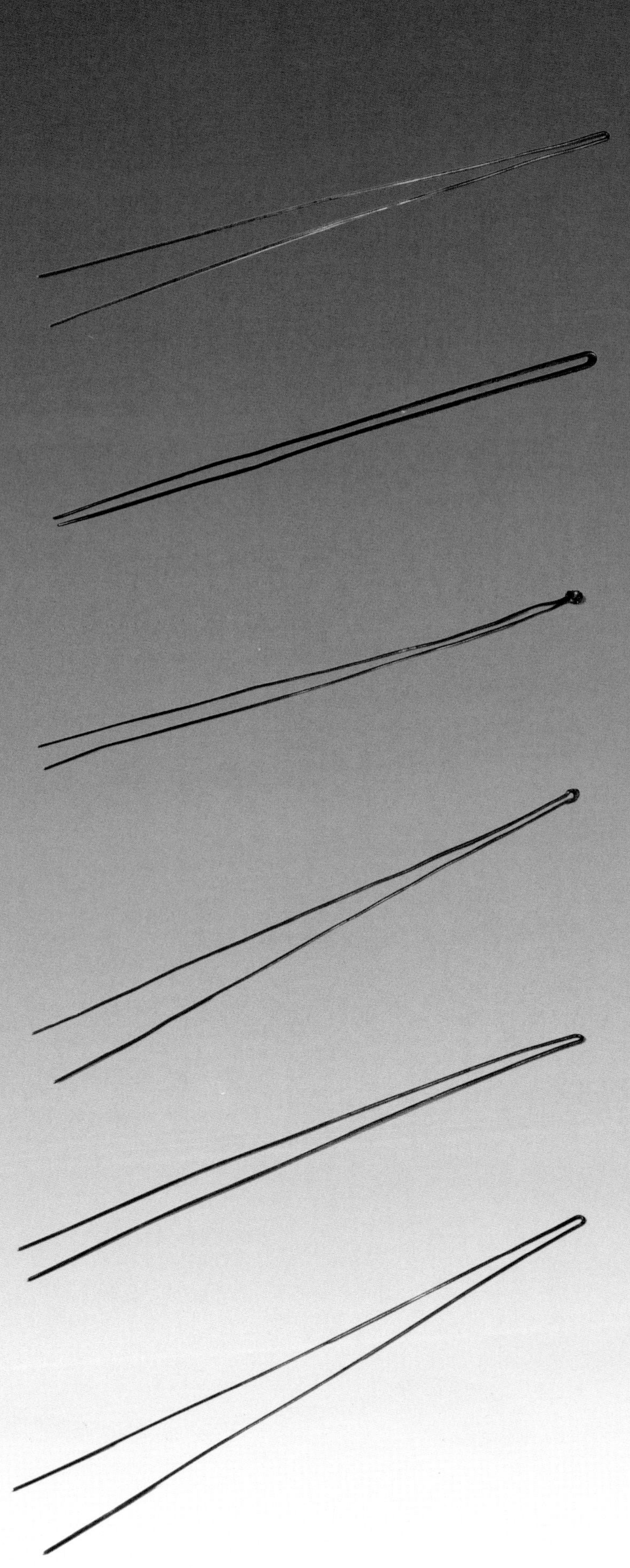

### 唐錾花银双股钗

藏品编号 995
年　　代 618~907
文物类别 金银器
文物级别 三级
实际件数 1
完残程度 完整
尺寸（cm） 长 28

### 唐细花纹银钗

藏品编号 996
年　　代 618~907
文物类别 金银器
文物级别 三级
实际件数 1
完残程度 完整
尺寸（cm） 长 28

### 唐扁平圆头银钗

藏品编号 1029
年　　代 618~907
文物类别 金银器
文物级别 三级
实际件数 1
完残程度 完整
尺寸（cm） 纵 32.9

### 唐光素双股银钗

藏品编号 1030
年　　代 618~907
文物类别 金银器
文物级别 三级
实际件数 1
完残程度 完整
尺寸（cm） 纵 32

### 唐素面银钗

藏品编号 1031
年　　代 618~907
文物类别 金银器
文物级别 三级
实际件数 1
完残程度 完整
尺寸（cm） 通长 35.2

### 唐素面银钗

藏品编号 1032
年　　代 618~907
文物类别 金银器
文物级别 三级
实际件数 1
完残程度 完整
尺寸（cm） 通长 35.2

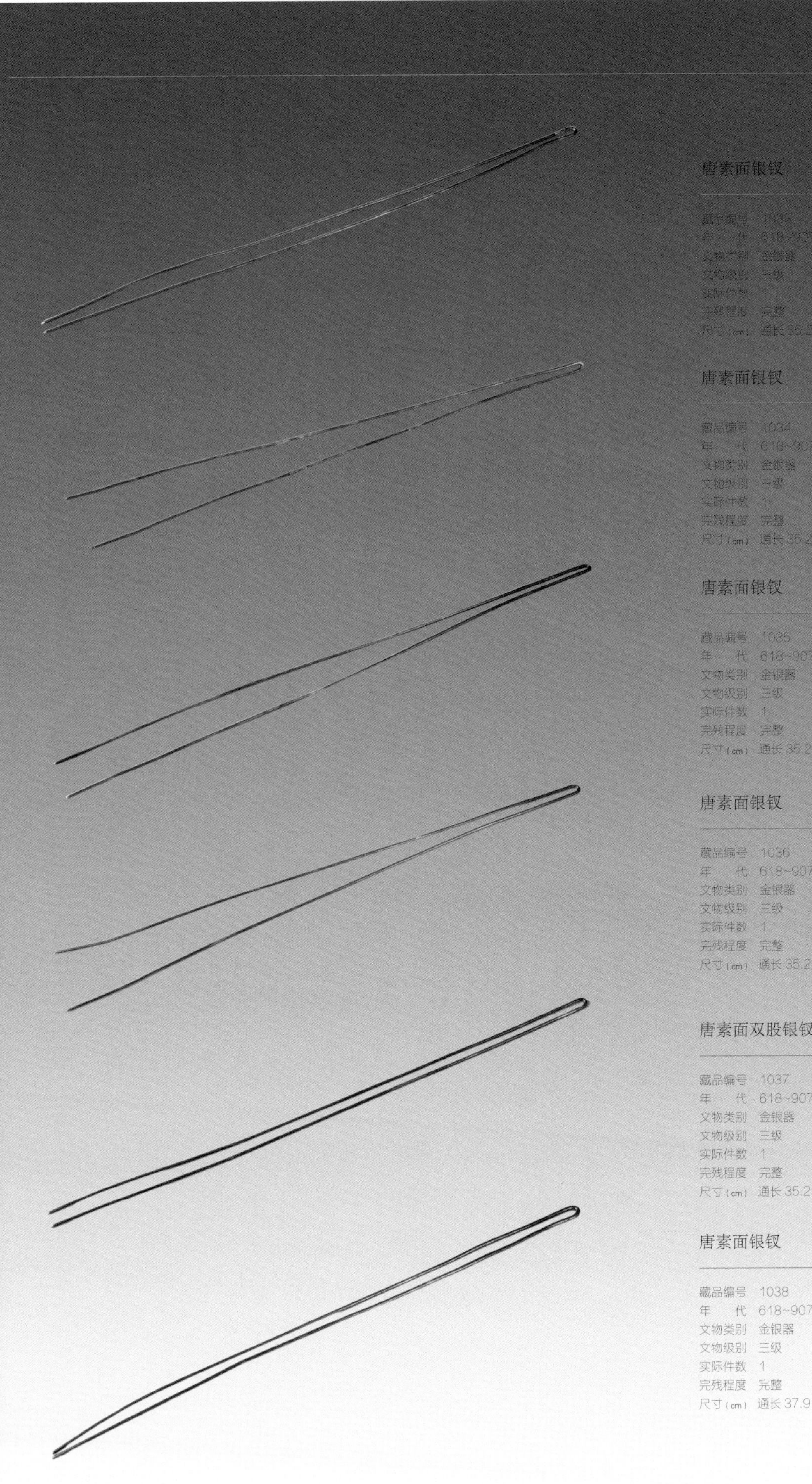

## 唐素面银钗

藏品编号 1033
年　　代 618~907
文物类别 金银器
文物级别 三级
实际件数 1
完残程度 完整
尺寸（cm） 通长 35.2

## 唐素面银钗

藏品编号 1034
年　　代 618~907
文物类别 金银器
文物级别 三级
实际件数 1
完残程度 完整
尺寸（cm） 通长 35.2

## 唐素面银钗

藏品编号 1035
年　　代 618~907
文物类别 金银器
文物级别 三级
实际件数 1
完残程度 完整
尺寸（cm） 通长 35.2

## 唐素面银钗

藏品编号 1036
年　　代 618~907
文物类别 金银器
文物级别 三级
实际件数 1
完残程度 完整
尺寸（cm） 通长 35.2

## 唐素面双股银钗

藏品编号 1037
年　　代 618~907
文物类别 金银器
文物级别 三级
实际件数 1
完残程度 完整
尺寸（cm） 通长 35.2

## 唐素面银钗

藏品编号 1038
年　　代 618~907
文物类别 金银器
文物级别 三级
实际件数 1
完残程度 完整
尺寸（cm） 通长 37.9

## 唐素面银钗

藏品编号 1039
年　　代 618~907
文物类别 金银器
文物级别 三级
实际件数 1
完残程度 完整
尺寸（cm） 通长 37.9

## 唐素面银钗

藏品编号 1040
年　　代 618~907
文物类别 金银器
文物级别 三级
实际件数 1
完残程度 基本完整
尺寸（cm） 通长 37.9

## 唐素面银钗

藏品编号 1041
年　　代 618~907
文物类别 金银器
文物级别 三级
实际件数 1
完残程度 完整
尺寸（cm） 通长 33

## 唐素面银钗

藏品编号 1042
年　　代 618~907
文物类别 金银器
文物级别 三级
实际件数 1
完残程度 完整
尺寸（cm） 通长 33

## 唐素面银钗

藏品编号 1043
年　　代 618~907
文物类别 金银器
文物级别 三级
实际件数 1
完残程度 完整
尺寸（cm） 通长 33

## 唐素面银钗

藏品编号 1044
年　　代 618~907
文物类别 金银器
文物级别 三级
实际件数 1
完残程度 完整
尺寸（cm） 通长 33

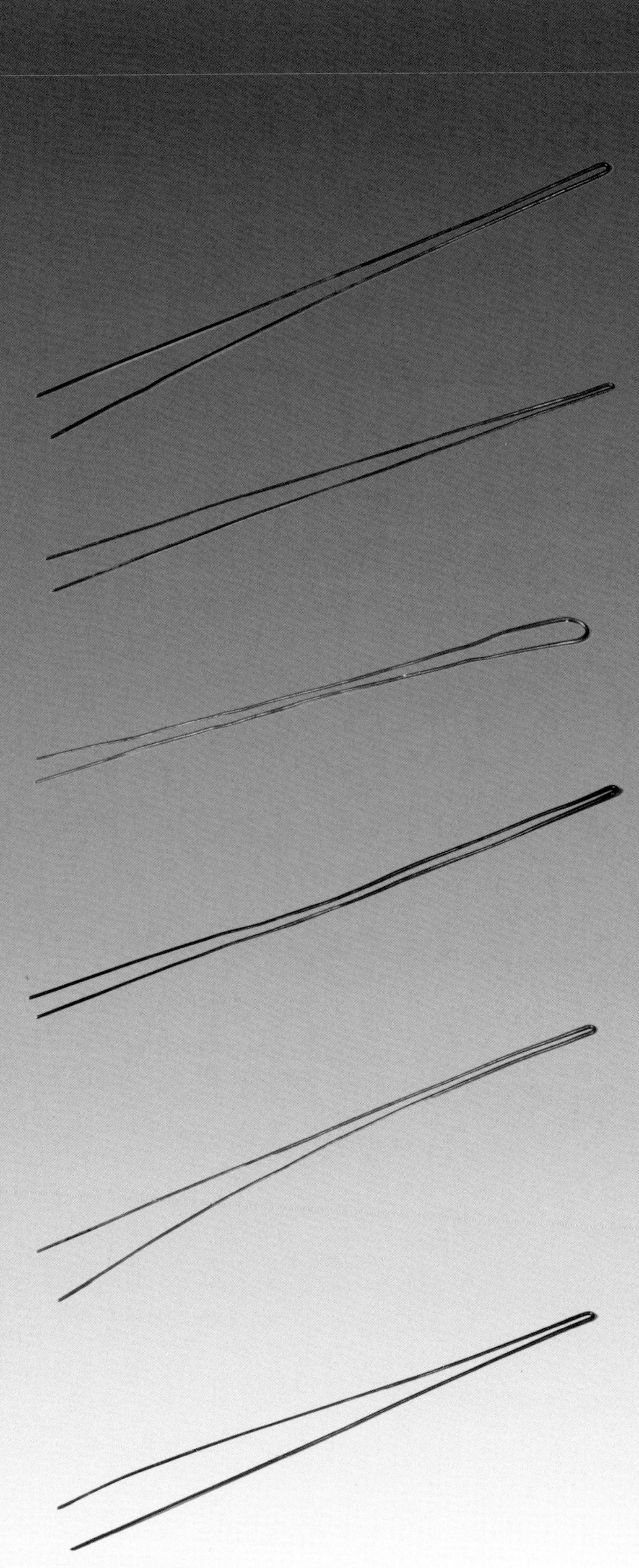

唐素面银钗

藏品编号 1045
年　　代 618~907
文物类别 金银器
文物级别 三级
实际件数 1
完残程度 完整
尺寸（cm） 通长 33

唐素面银钗

藏品编号 1046
年　　代 618~907
文物类别 金银器
文物级别 三级
实际件数 1
完残程度 完整
尺寸（cm） 通长 33

唐素面银钗

藏品编号 1047
年　　代 618~907
文物类别 金银器
文物级别 三级
实际件数 1
完残程度 完整
尺寸（cm） 通长 33

唐素面银钗

藏品编号 1048
年　　代 618~907
文物类别 金银器
文物级别 三级
实际件数 1
完残程度 完整
尺寸（cm） 通长 33

唐素面银钗

藏品编号 1049
年　　代 618~907
文物类别 金银器
文物级别 三级
实际件数 1
完残程度 完整
尺寸（cm） 通长 33

唐素面银钗

藏品编号 1050
年　　代 618~907
文物类别 金银器
文物级别 三级
实际件数 1
完残程度 完整
尺寸（cm） 通长 33

唐素面银钗

藏品编号 1051
年　　代 618~907
文物类别 金银器
文物级别 三级
实际件数 1
完残程度 完整
尺寸(cm) 通长 33

唐素面银钗

藏品编号 1052
年　　代 618~907
文物类别 金银器
文物级别 三级
实际件数 1
完残程度 完整
尺寸(cm) 通长 33

唐素面银钗

藏品编号 1053
年　　代 618~907
文物类别 金银器
文物级别 三级
实际件数 1
完残程度 完整
尺寸(cm) 通长 33

唐素面银钗

藏品编号 1054
年　　代 618~907
文物类别 金银器
文物级别 三级
实际件数 1
完残程度 完整
尺寸(cm) 通长 33

唐素面银钗

藏品编号 1055
年　　代 618~907
文物类别 金银器
文物级别 三级
实际件数 1
完残程度 完整
尺寸(cm) 通长 33

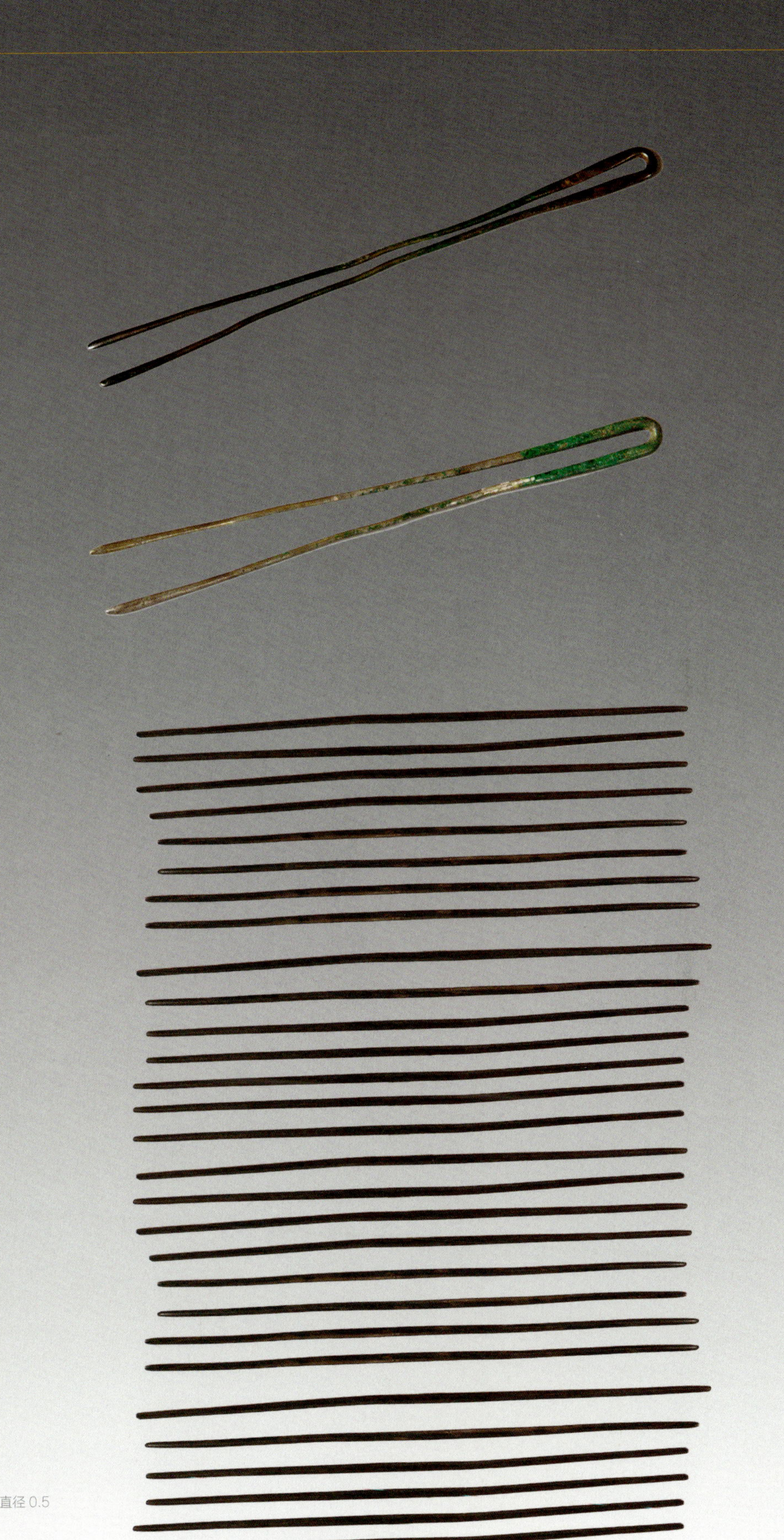

## 元银钗

藏品编号 1070
年　　代 1206~1368
文物类别 金银器
文物级别 三级
实际件数 1
完残程度 完整
尺寸（cm） 长 17.6

## 元双股银钗

藏品编号 1071
年　　代 1206~1368
文物类别 金银器
文物级别 三级
实际件数 1
完残程度 完整
尺寸（cm） 纵 32.9

## 唐银箸

藏品编号 999~1028
年　　代 618~907
文物类别 金银器
文物级别 三级
总件数 30
完残程度 完整
尺寸（cm） 长 33.1，两头直径 0.25，中间直径 0.5

宋素面圈足银碗

藏品编号 5818
年　　代 960~1279
文物类别 金银器
文物级别 三级
实际件数 1
完残程度 完整
尺寸（cm） 高 4，口径 11.2，底径 3.7

宋银唾盂

藏品编号 5820
年　　代 960~1279
文物类别 金银器
文物级别 三级
实际件数 1
完残程度 基本完整
尺寸（cm） 通高 7.9，口径 15.5，底径 6.4

宋银碗

藏品编号 5819
年　　代 960~1279
文物类别 金银器
文物级别 三级
实际件数 1
完残程度 完整
尺寸（cm） 高 4.3，口径 12.5，底径 7

明锤鍱“生”字金嵌饰

藏品编号 5813
年　　代 1368~1644
文物类别 金银器
文物级别 三级
实际件数 1
完残程度 完整
尺寸（cm） 高 1.2，宽 1.3

清如意头蝶恋花纹银发簪

藏品编号　5817
年　　代　1616~1911
文物类别　金银器
文物级别　三级
实际件数　1
完残程度　完整
尺寸（cm）　通长 7.8

民国金耳坠

藏品编号　5812
年　　代　1912~1949
文物类别　金银器
文物级别　三级
实际件数　2
完残程度　完整
尺寸（cm）　直径 0.6

民国金簪

藏品编号　5811
年　　代　1912~1949
文物类别　金银器
文物级别　三级
实际件数　1
完残程度　基本完整
尺寸（cm）　长 7.4，最宽 1.2

民国金簪

藏品编号　5810
年　　代　1912~1949
文物类别　金银器
文物级别　三级
实际件数　1
完残程度　完整
尺寸（cm）　通长 9.9

# 长兴县博物馆　三级文物

## 08. 木、宝玉石（1件）

明嵌春水玉红木匣

藏品编号　3653
年　　代　1368~1644
文物类别　木，宝玉石
文物级别　三级
实际件数　1
完残程度　基本完整
尺寸(cm)　长9，宽7.4，厚6.5

## 09. 钱币（3件）

### 唐银铤（残）

藏品编号　939
年　　代　618~907
文物类别　钱币
文物级别　三级
实际件数　1
完残程度　残缺
尺寸（cm）　长 11.7，宽 8.9，厚 1.7

### 唐船形银铤

藏品编号　940
年　　代　618~907
文物类别　钱币
文物级别　三级
实际件数　1
完残程度　完整
尺寸（cm）　长 18.2，宽 7.1，厚 3

### 唐银铤

藏品编号　941
年　　代　618~907
文物类别　钱币
文物级别　三级
实际件数　1
完残程度　基本完整
尺寸（cm）　长 13.7，宽 6.8，厚 2.8

# 长兴县博物馆　三级文物

## 10. 铁器、其他金属器（10件）

战国单面刃铁斧

藏品编号　1476
年　　代　前475~前221
文物类别　铁器、其他金属器
文物级别　三级
实际件数　1
完残程度　基本完整
尺寸（cm）　宽5.7，高14，刃宽4.9

汉铁锸

藏品编号　1456
年　　代　前206~220
文物类别　铁器、其他金属器
文物级别　三级
实际件数　1
完残程度　基本完整
尺寸（cm）　高15，宽13.2，刃宽16

汉三角刃铁锸

藏品编号　1382
年　　代　前206~220
文物类别　铁器、其他金属器
文物级别　三级
实际件数　1
完残程度　基本完整
尺寸（cm）　通高17，宽17.3

西汉长方形銎铁斧

藏品编号　1478
年　　代　前206~8
文物类别　铁器、其他金属器
文物级别　三级
实际件数　1
完残程度　基本完整
尺寸（cm）　高15，刃宽3，横4

汉凹銎三角形刃铁锸

藏品编号 1480
年　　代 前206~220
文物类别 铁器、其他金属器
文物级别 三级
实际件数 1
完残程度 基本完整
尺寸（cm） 高18，腹刃宽16，上段宽13.2

汉凹形銎弧刃铁锸

藏品编号 1485
年　　代 前206~220
文物类别 铁器、其他金属器
文物级别 三级
实际件数 1
完残程度 基本完整
尺寸（cm） 高13.1，腹刃宽13.5，上段宽13.5

汉方銎双面刃铁斧

藏品编号 5821
年　　代 前206~220
文物类别 铁器、其他金属器
文物级别 三级
实际件数 1
完残程度 基本完整
尺寸（cm） 高13.2，刃宽8.5

汉单面刃铁锛

藏品编号 1505
年　　代 前206~220
文物类别 铁器、其他金属器
文物级别 三级
实际件数 1
完残程度 完整
尺寸（cm） 高13，刃宽9.8，銎口长7，宽2.5

汉弧刃铁锸

藏品编号 1477
年　　代 前206~220
文物类别 铁器、其他金属器
文物级别 三级
实际件数 1
完残程度 基本完整
尺寸（cm） 高13.8，腹刃宽15.1，上段宽13.85

汉弧刃铁锸

藏品编号 1470
年　　代 前206~220
文物类别 铁器、其他金属器
文物级别 三级
实际件数 1
完残程度 基本完整
尺寸（cm） 通高10.7，宽13

## 11. 书法、绘画（30件）

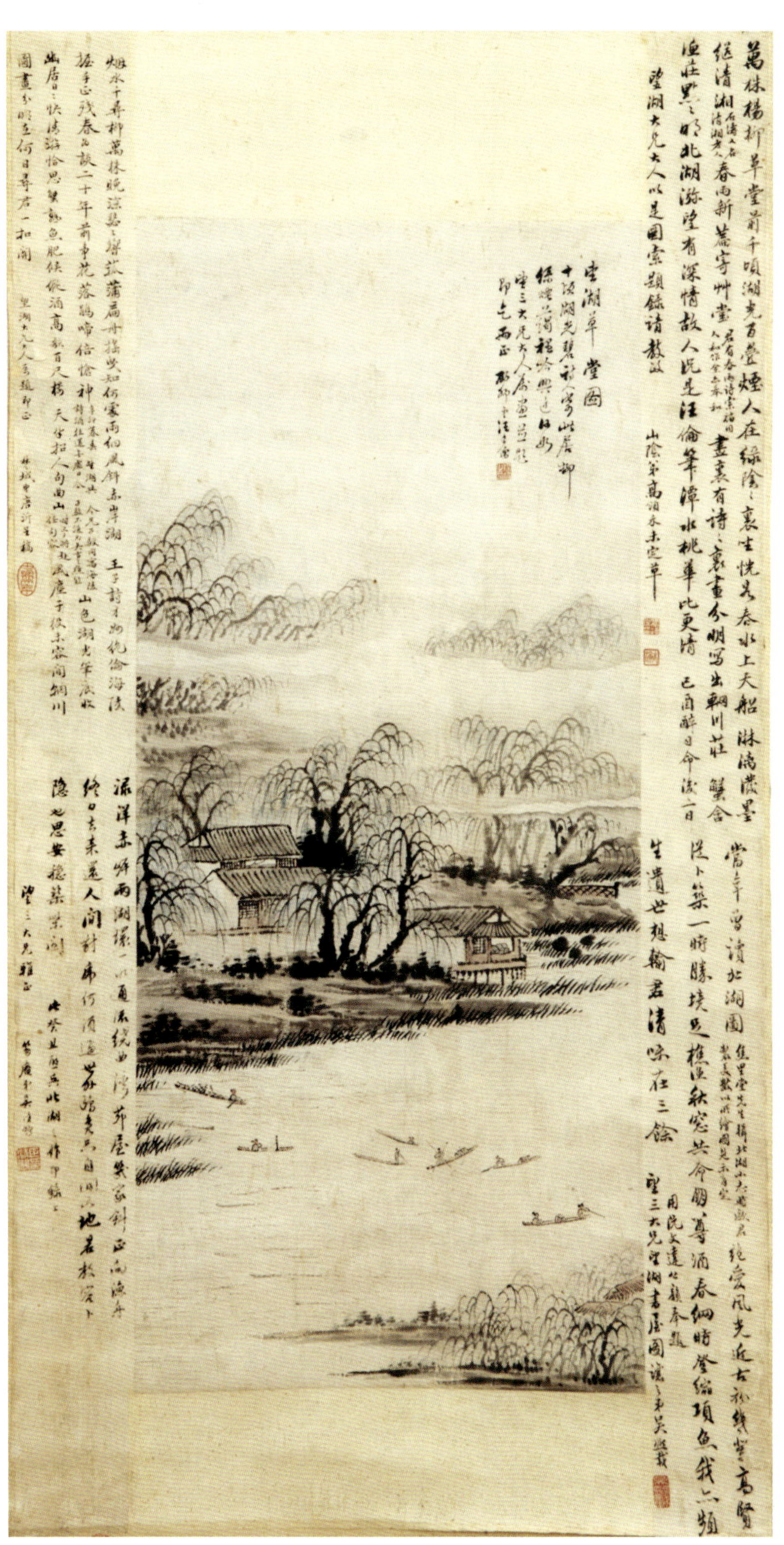

清汪廷儒望湖草堂图轴

藏品编号　1228
年　　代　约1842
文物类别　书法、绘画
文物级别　三级
实际件数　1
完残程度　完整
尺寸(cm)　长81.5，宽35.5

軾老矣年來薄有詩文幾
卷收納篋中章不散逸
此外百無一營入山採藥追
隨異人以希扶老之助風
雨閉門恬然清卧而已
子翔仁兄大人清正 弟陳豪

夫神仙雖不目見記籍所載
前史所傳較而論之其必有矣
似特受異氣禀之自然非積學所
能致也至於導養得理以盡性
命上獲千餘歲下可數百年
可有之耳而世皆不精

元豐六年十月十二日夜解衣欲卧月色入户欣然起行念無與樂者遂至承天寺尋張懷民亦未寢相與步於庭中庭下如積水空明水中藻荇交横蓋竹柏影也

海會院東有一陂詰曲羣山間長一里有餘意欲買此陂屬百姓見說數十千可得稍加葺築作一放生池囊中蕭然欲化緣老兄及子由各出十五千足矣予亦竭力成此一事所活鱗介万數

清陈豪山水行书四条屏

藏品编号　1213
年　　代　1839~1910
文物类别　书法、绘画
文物级别　二级
实际件数　4
完残程度　完整
尺寸（cm）　长 142.5，宽 38

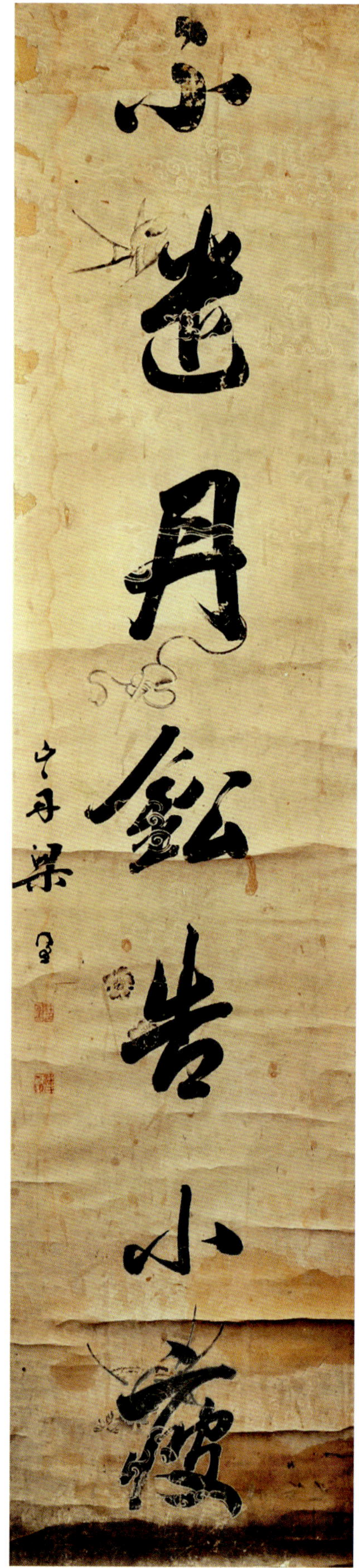

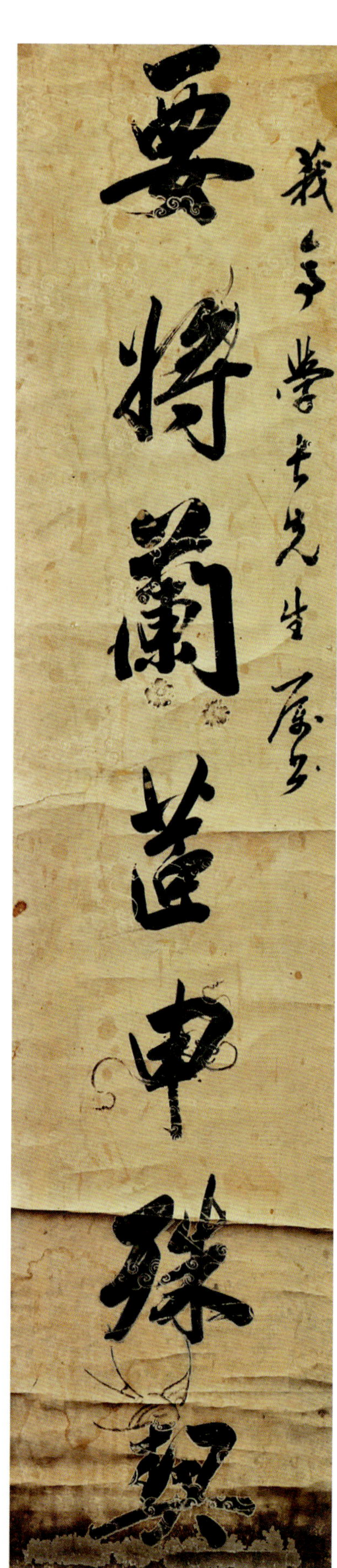

清梁同书行书七言联

藏品编号 1234-084
年　　代 1723~1815
文物类别 书法、绘画
文物级别 三级
实际件数 2
完残程度 完整
尺寸(cm) 长 127.7，宽 29.5

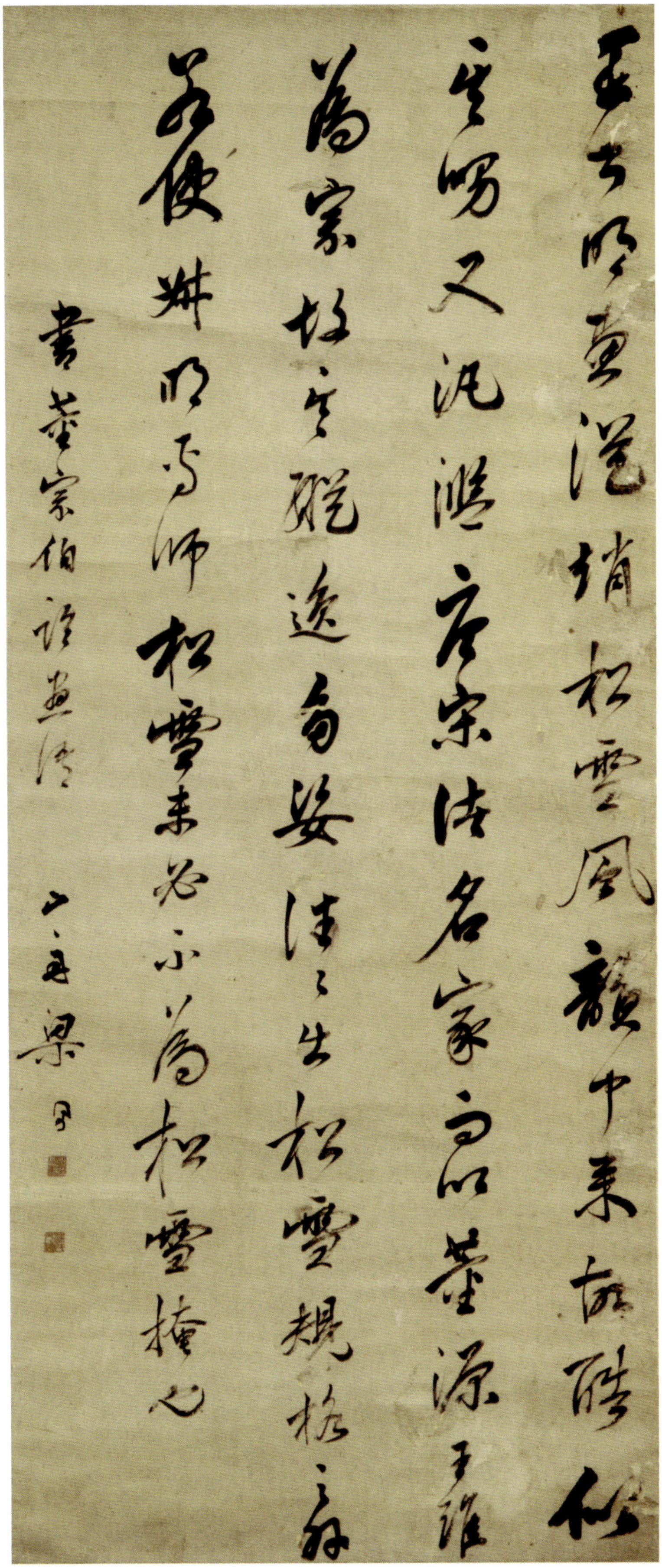

清梁同书行书董宗伯语轴

藏品编号　1166
年　　代　1723~1815
文物类别　书法、绘画
文物级别　三级
实际件数　1
完残程度　基本完整
尺寸（cm）　长 125.5，宽 54

清梁诗正行书轴

藏品编号　1160
年　　代　1754
文物类别　书法、绘画
文物级别　三级
实际件数　1
完残程度　完整
尺寸(cm)　长165，宽53

清屠倬行书轴

藏品编号 1181
年　　代 1781~1828
文物类别 书法、绘画
文物级别 三级
实际件数 1
完残程度 完整
尺寸(cm) 长145，宽42

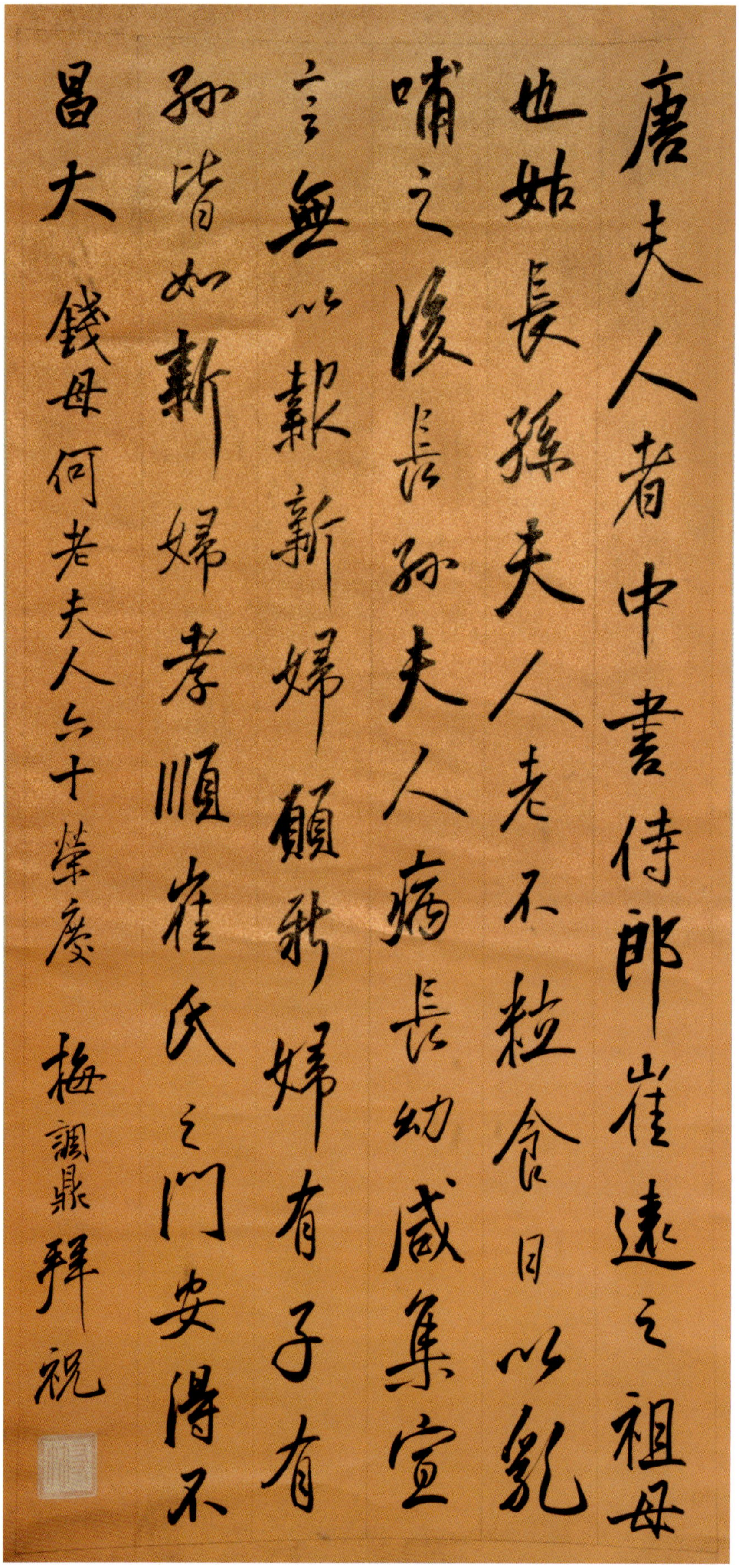

清梅调鼎行书轴

藏品编号 1219
年　　代 1839~1906
文物类别 书法、绘画
文物级别 三级
实际件数 2
完残程度 完整
尺寸(cm) 长 152，宽 74

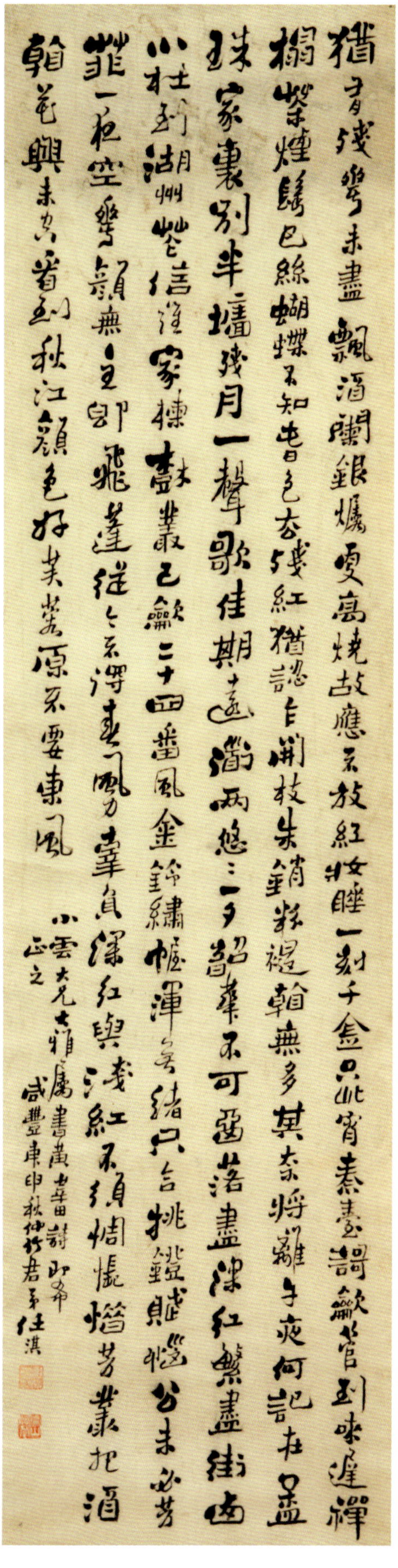

清任淇行书轴

藏品编号 1229
年　　代 1860
文物类别 书法、绘画
文物级别 三级
实际件数 1
完残程度 完整
尺寸(cm) 长 138.5，宽 38

清余集行书轴

藏品编号　1202
年　　代　1616~1911
文物类别　书法、绘画
文物级别　三级
实际件数　1
完残程度　完整
尺寸（cm）　长 132，宽 58

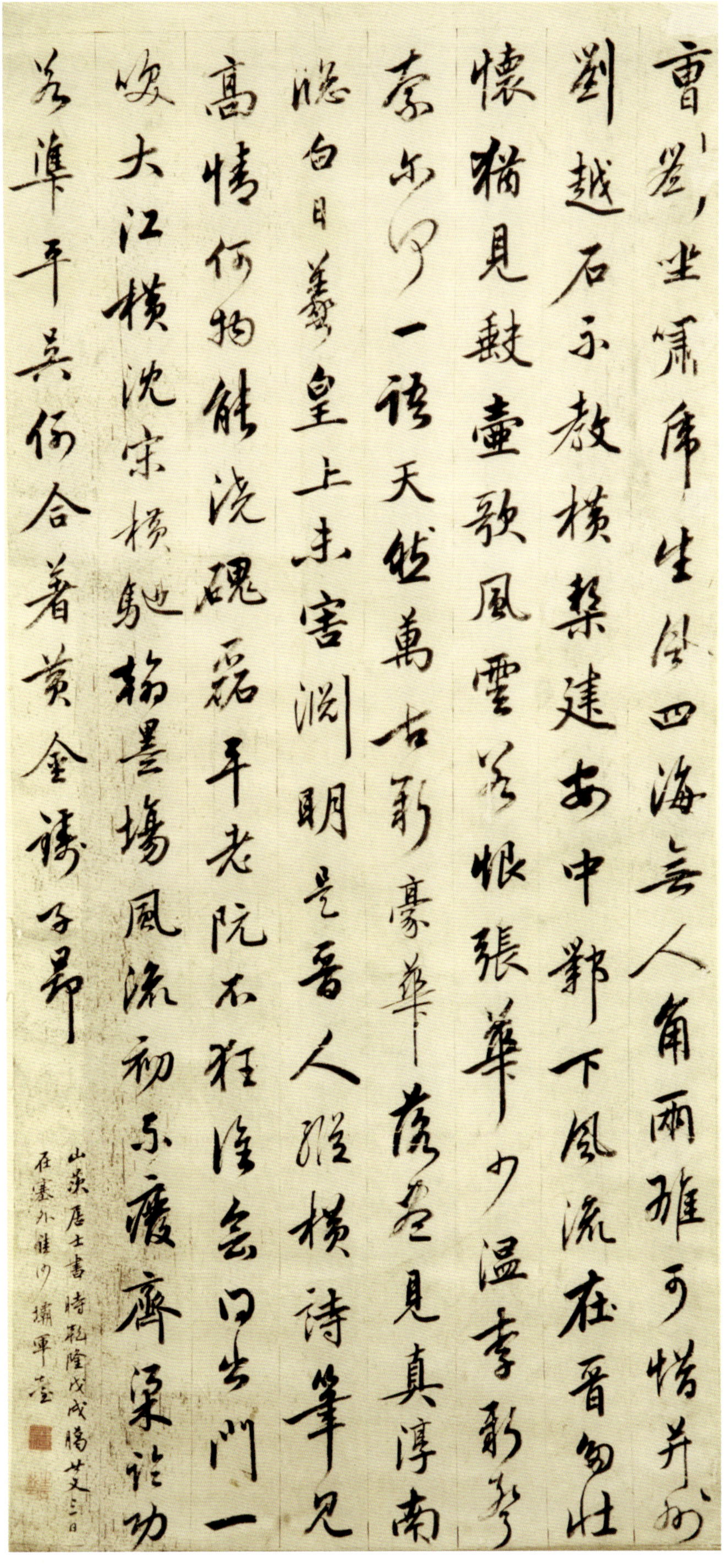

清周升桓行书轴

藏品编号 1221
年　代 1616~1911
文物类别 书法、绘画
文物级别 三级
实际件数 1
完残程度 基本完整
尺寸(cm) 长111.7，宽55.5

清赵之琛隶书轴

藏品编号　1190
年　　代　1616~1911
文物类别　书法、绘画
文物级别　三级
实际件数　1
完残程度　完整
尺寸（cm）　长 122，宽 52

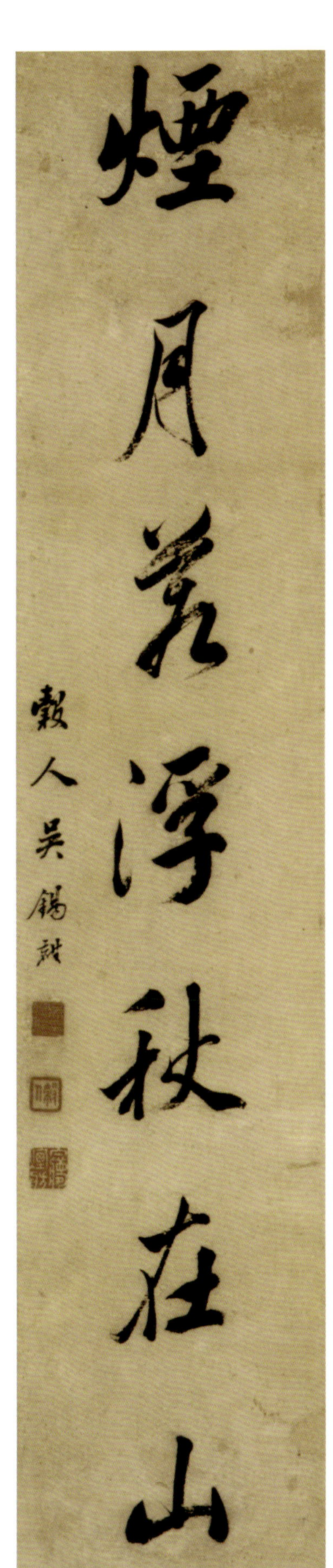

清吴锡麒行书七言联

藏品编号　1207
年　　代　1616~1911
文物类别　书法、绘画
文物级别　三级
实际件数　2
完残程度　完整
尺寸（cm）长83，宽18

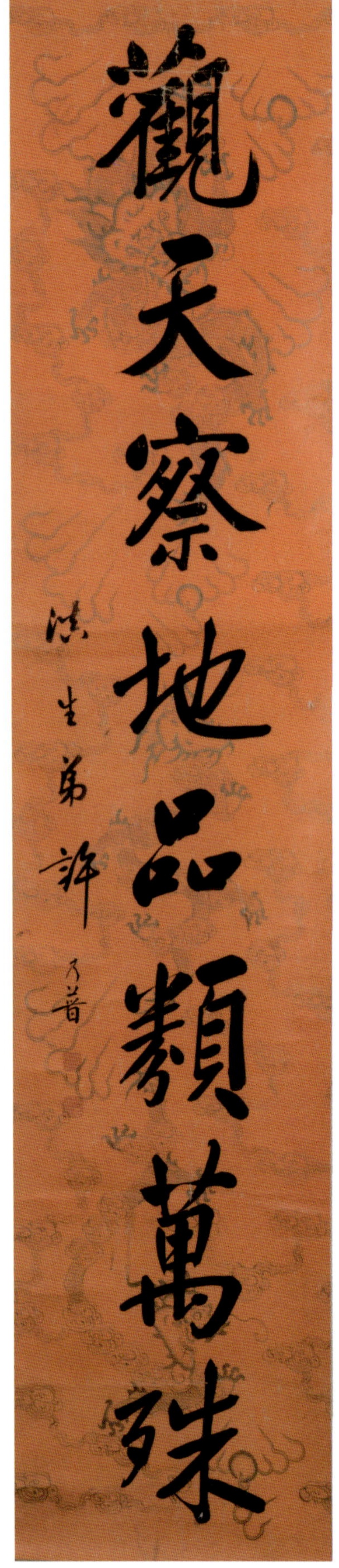


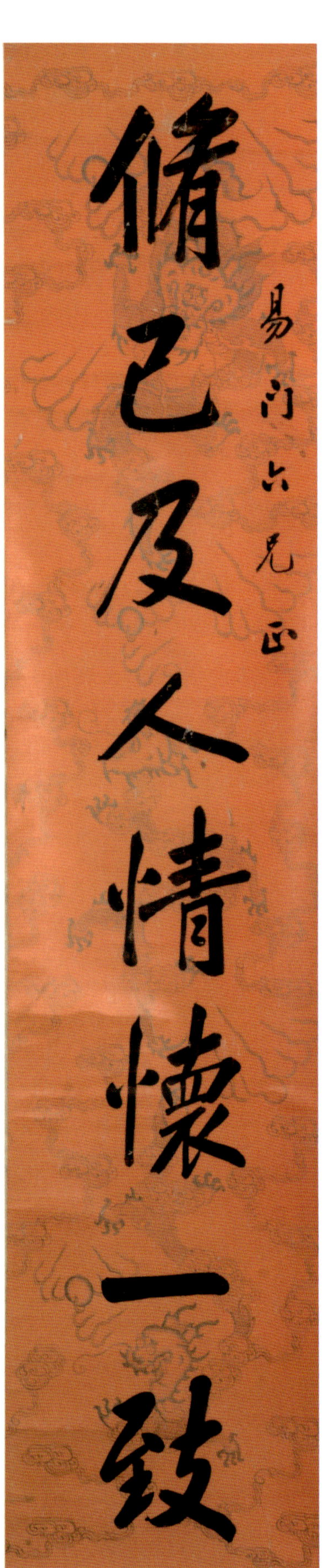


清许乃普行书八言联

藏品编号 1188
年　　代 1616~1911
文物类别 书法、绘画
文物级别 三级
实际件数 1
完残程度 完整
尺寸（cm） 长 178，宽 38

## 清陈霖树石图轴

| | |
|---|---|
| 藏品编号 | 1153 |
| 年　代 | 1616~1911 |
| 文物类别 | 书法、绘画 |
| 文物级别 | 三级 |
| 实际件数 | 1 |
| 完残程度 | 完整 |
| 尺寸（cm） | 长97，宽48 |

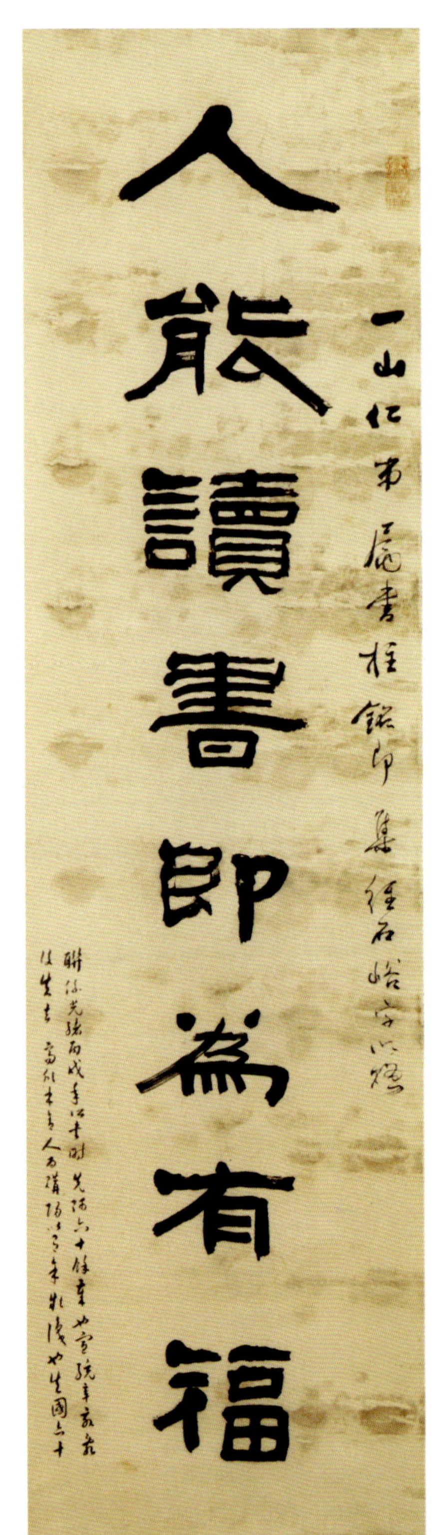


清俞樾隶书八言对联

藏品编号 1185
年　　代 1616~1911
文物类别 书法、绘画
文物级别 三级
实际件数 2
完残程度 完整
尺寸（cm） 长 164.5，宽 43.5

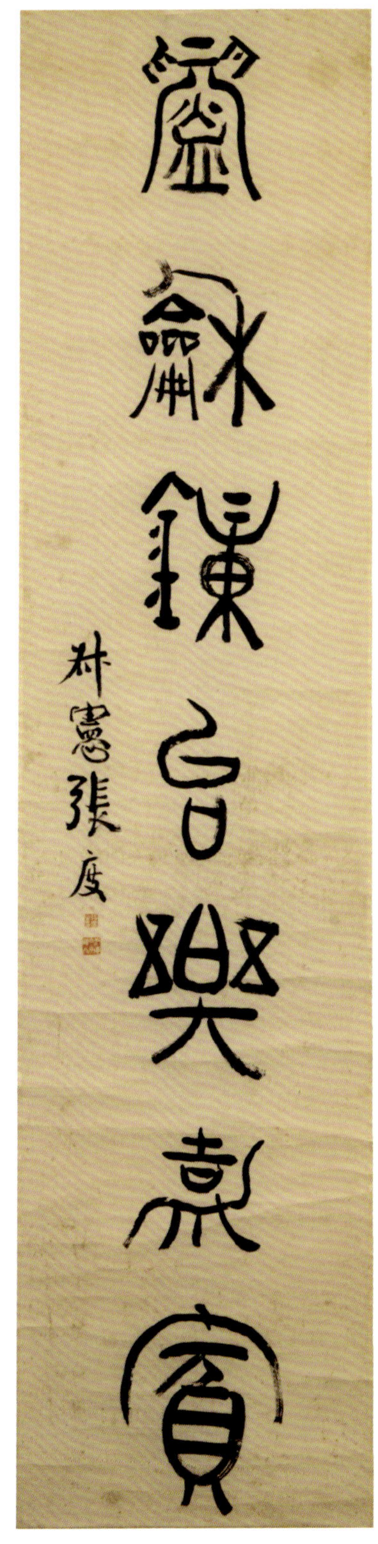

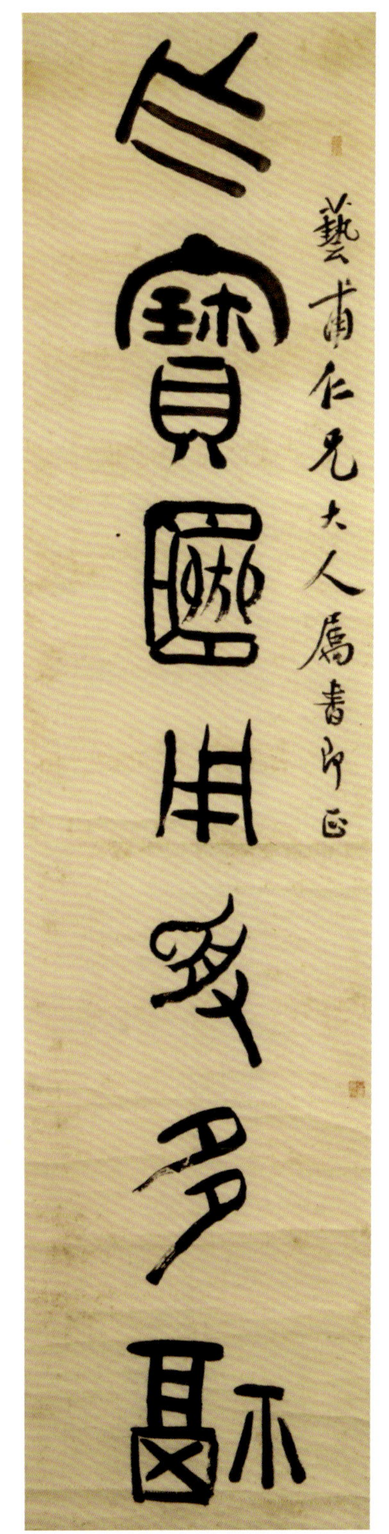


清张度钟鼎文七言对联

藏品编号　1170
年　　代　1616~1911
文物类别　书法、绘画
文物级别　三级
实际件数　2
完残程度　完整
尺寸（cm）　长 171，宽 41

清陈豪山水轴

藏品编号　1155
年　　代　1616~1911
文物类别　书法、绘画
文物级别　三级
实际件数　1
完残程度　基本完整
尺寸（cm）　长 142.5，宽 38

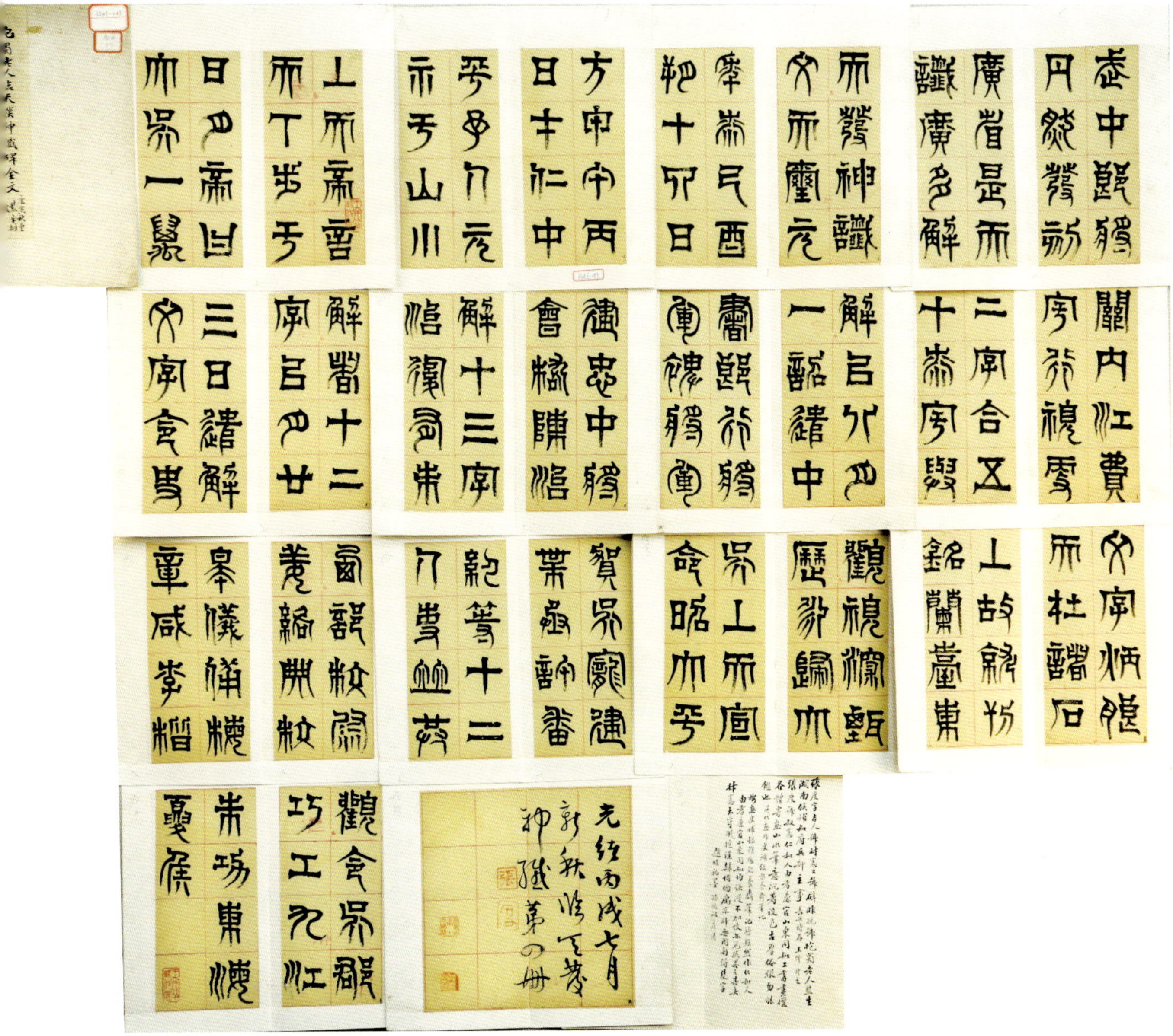

清张度临天发神谶碑册页

藏品编号 3545-089
年　　代 1616~1911
文物类别 书法、绘画
文物级别 二级
实际件数 15
完残程度 完整
尺寸（cm） 长 28.3，宽 14.7

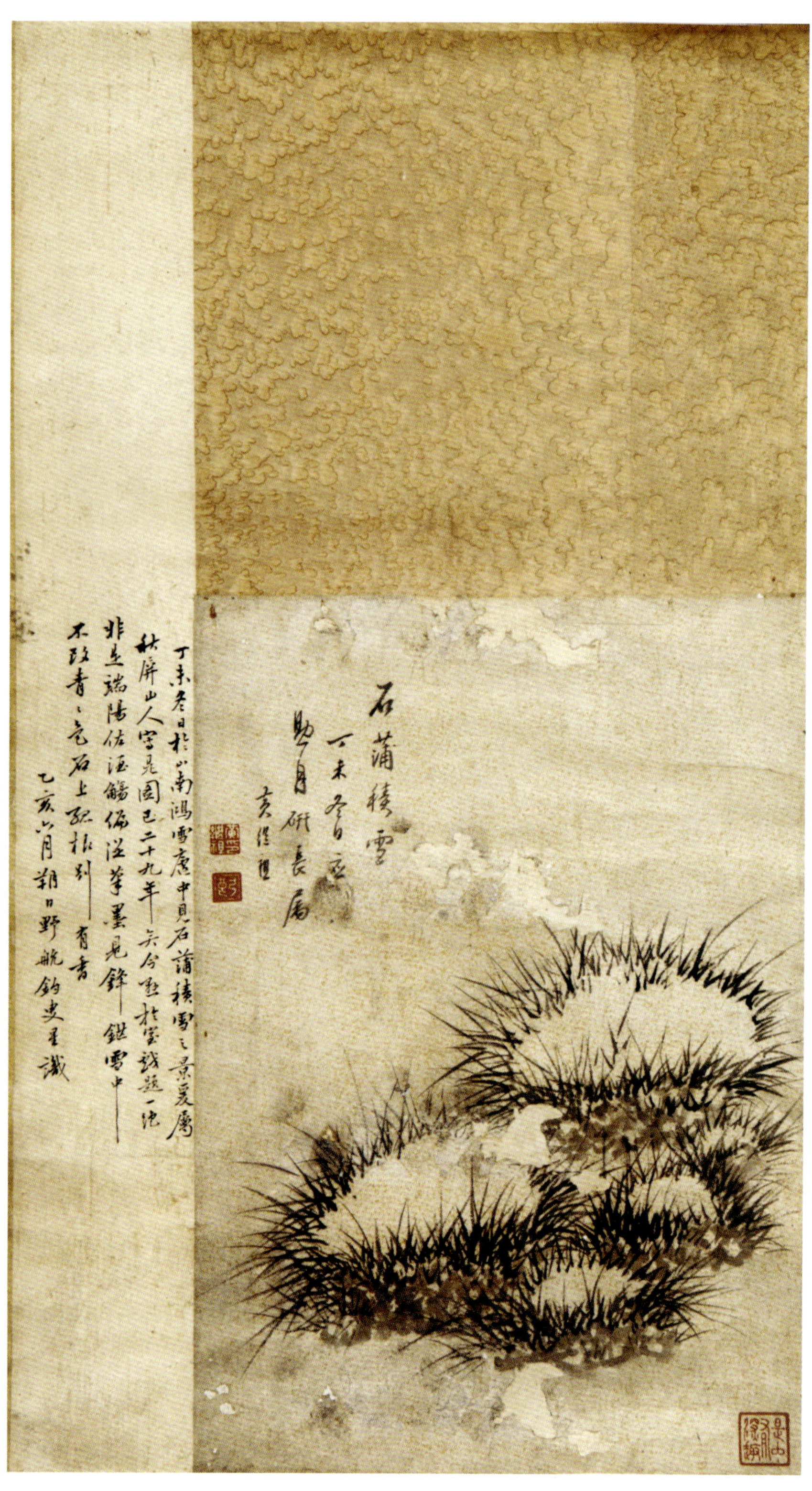

清黄继祖石蒲积雪画轴

藏品编号 1169
年　　代 1616~1911
文物类别 书法、绘画
文物级别 三级
实际件数 1
完残程度 完整
尺寸(cm) 长 41.5，宽 30

清陈廉秋色图轴

藏品编号 1233
年　　代 1616~1911
文物类别 书法、绘画
文物级别 三级
实际件数 1
完残程度 基本完整
尺寸(cm) 长95，宽34.5

清陆飞山水轴

藏品编号　1154
年　　代　1616~1911
文物类别　书法、绘画
文物级别　三级
实际件数　1
完残程度　完整
尺寸（cm）　长 83，宽 18

清汪恭红树秋山图轴

藏品编号 1172
年　　代 1616~1911
文物类别 书法、绘画
文物级别 三级
实际件数 1
完残程度 完整
尺寸(cm) 长 149.5，宽 46.5

清朱为弼梧桐夜月图轴

藏品编号 1212
年　　代 1616~1911
文物类别 书法、绘画
文物级别 三级
实际件数 1
完残程度 完整
尺寸（cm） 长 157，宽 47

清许文岁朝图轴

藏品编号 1156
年　　代 1616~1911
文物类别 书法、绘画
文物级别 三级
实际件数 1
完残程度 完整
尺寸（cm） 长 111.5，宽 29.5

清江介钟馗图轴

藏品编号 1220
年　代 1616~1911
文物类别 书法、绘画
文物级别 三级
实际件数 1
完残程度 完整
尺寸(cm) 长68，宽30.8

民国潘韵山水四条屏

藏品编号 1203-053
年　　代 1927
文物类别 书法、绘画
文物级别 三级
实际件数 4
完残程度 完整
尺寸（cm） 长 65.8，宽 23.6

民国马万里梅竹图轴

藏品编号 1210
年　代 1938
文物类别 书法、绘画
文物级别 三级
实际件数 1
完残程度 完整
尺寸（cm） 长 90，宽 39

民国经亨颐竹菊图轴

藏品编号 1211
年　代 1912~1949
文物类别 书法、绘画
文物级别 三级
实际件数 1
完残程度 基本完整
尺寸（cm） 长 144.5，宽 37.5

现代谭建丞葡萄图轴

藏品编号 1217
年　　代 1982
文物类别 书法、绘画
文物级别 三级
实际件数 1
完残程度 完整
尺寸(cm) 长92，宽42

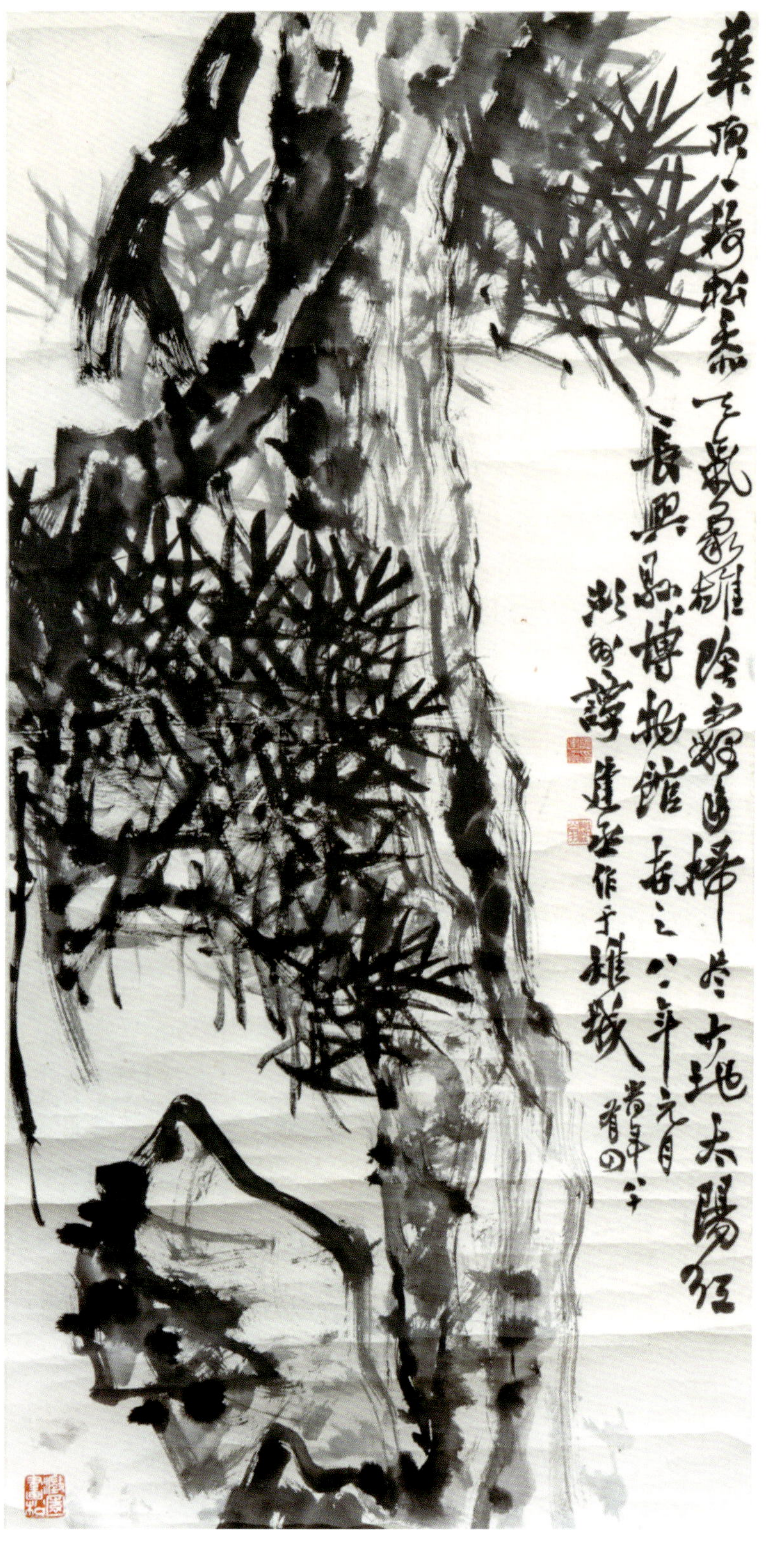

现代谭建丞苍松图轴

藏品编号 1218
年　　代 1981
文物类别 书法、绘画
文物级别 三级
实际件数 1
完残程度 完整
尺寸（cm） 长 130，宽 66

## 12. 古籍图书（1件）

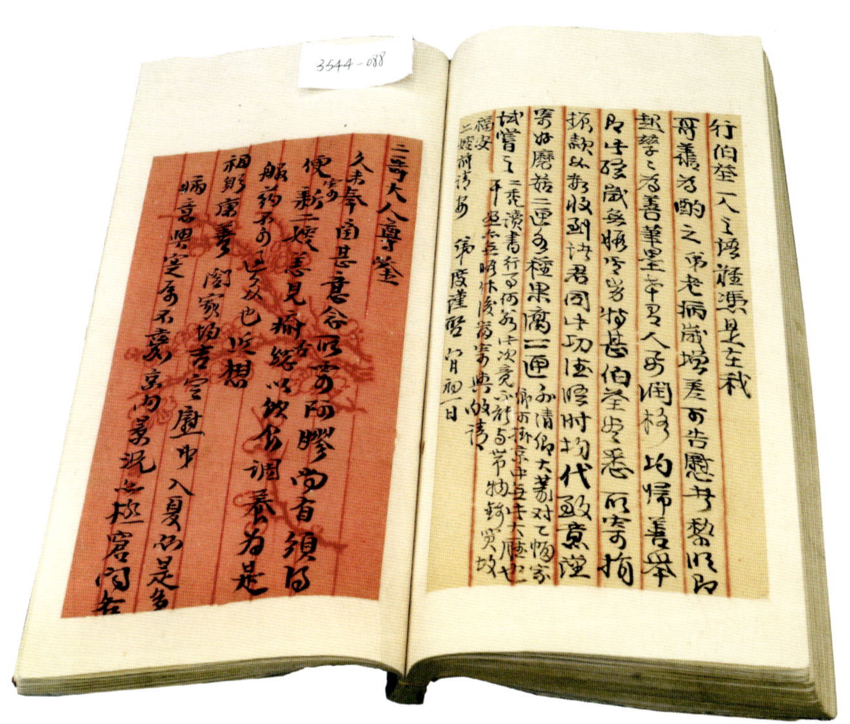


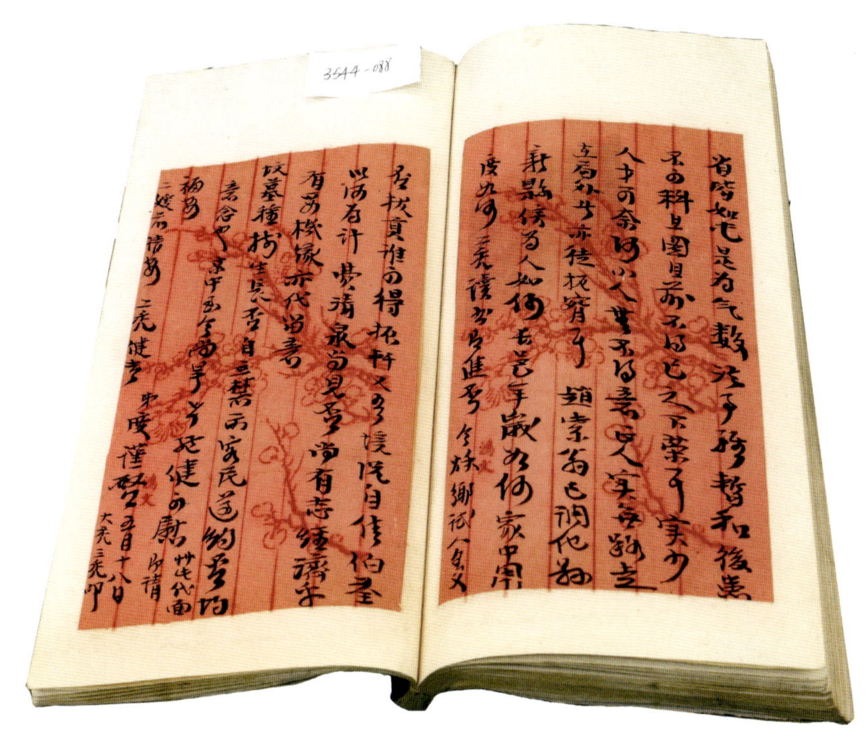


清辑张度手札稿本《抱蜀老人手札》

藏品编号　3544-088
年　　代　1616~1911
文物类别　古籍图书
文物级别　三级
实际件数　1
完残程度　完整
尺寸（cm）　长 30.7，宽 18

# 长兴县博物馆　三级文物

## 13. 文具（7件）

东晋三足青瓷砚

藏品编号　5769
年　　代　317~420
文物类别　文具
文物级别　三级
实际件数　1
完残程度　基本完整
尺寸（cm）　高 3，口径 9.3

唐马蹄多足青瓷辟雍砚

藏品编号　404
年　　代　618~907
文物类别　文具
文物级别　三级
实际件数　1
完残程度　基本完整
尺寸（cm）　高 8，腹径 23，底径 22.8

唐风字形石砚

藏品编号　3256
年　　代　618~907
文物类别　文具
文物级别　三级
实际件数　1
完残程度　完整
尺寸（cm）　长 16.8，宽 10.3，高 3.4

南宋铜水盂

藏品编号　6048-453
年　　代　1127~1279
文物类别　文具
文物级别　三级
实际件数　1
完残程度　完整
尺寸（cm）　长 9.5，高 5，口径 4.5，腹径 9

宋箕形石砚

藏品编号 4816
年　　代 960~1279
文物类别 文具
文物级别 三级
实际件数 1
完残程度 完整
尺寸（cm） 通高 3.4，长 14.1，宽 8.6

明弧首门字端石砚

藏品编号 5816
年　　代 1368~1644
文物类别 文具
文物级别 三级
实际件数 1
完残程度 完整
尺寸（cm） 长 12.4，宽 5.1，厚 0.95

清带盒石砚

藏品编号 3252
年　　代 1616~1911
文物类别 文具
文物级别 三级
实际件数 1
完残程度 基本完整
尺寸（cm） 长 21，宽 6.5，厚 2

## 长兴县博物馆　三级文物

### 14. 雕塑、造像（3件）

汉跪坐泥质黑皮陶俑

藏品编号　5790
年　　代　前206~220
文物类别　雕塑、造像
文物级别　三级
实际件数　1
完残程度　基本完整
尺寸（cm）　通高31，最宽24.5

南宋狮子戏绣球铜座像

藏品编号　6049-454
年　　代　1127~1279
文物类别　雕塑、造像
文物级别　三级
实际件数　1
完残程度　完整
尺寸（cm）　底径9.5，通高11

清透雕青田石观音造像

藏品编号　3293
年　　代　1616~1911
文物类别　雕塑、造像
文物级别　三级
实际件数　1
完残程度　完整
尺寸（cm）　通高33，座高5，最宽18，最厚5.1

## 15. 珐琅器（1件）

清铜胎掐丝珐琅龙纹花瓶

藏品编号　877
年　　代　1616~1911
文物类别　珐琅器
文物级别　三级
实际件数　1
完残程度　完整
尺寸（cm）　高23，口径7.6

## 长兴县博物馆　三级文物

### 16. 玺印符牌（1件）

汉“姑蔑长印”青铜印

藏品编号　833-216
年　　代　前206~220
文物类别　玺印符牌
文物级别　三级
实际件数　1
完残程度　完整
尺寸（cm）　2.5×2.5，厚0.6，柄1.4×0.9

## 长兴县博物馆　三级文物

### 17. 牙骨角器（1件）

商鹿角

藏品编号　5765
年　　代　前1600~前1046
文物类别　牙骨角器
文物级别　三级
实际件数　1
完残程度　完整
尺寸（cm）　通长55

17. 玉石器、宝石（11件）

良渚文化玉钺

藏品编号　5822
年　　代　前5300~前4300
文物类别　玉石器、宝石
文物级别　三级
实际件数　1
完残程度　基本完整
尺寸（cm）　通长18，刃宽9.8，孔径1.8

汉玉蝉

藏品编号　6069-116
年　　代　前206~220
文物类别　玉石器、宝石
文物级别　三级
实际件数　1
完残程度　完整
尺寸（cm）　通长5，通宽2.8

宋莲花童子纹玉佩

藏品编号　4858
年　　代　960~1279
文物类别　玉石器、宝石
文物级别　三级
实际件数　1
完残程度　完整
尺寸（cm）　通长7.6，最宽4.3，最厚2.1

明镂雕兽纹白玉饰件

藏品编号　3645
年　　代　1368~1644
文物类别　玉石器、宝石
文物级别　三级
实际件数　1
完残程度　基本完整
尺寸（cm）　长7.95，宽5.5，厚0.7

明龙首螭纹青玉带钩

藏品编号 3242
年　　代 1368~1644
文物类别 玉石器、宝石
文物级别 三级
实际件数 1
完残程度 完整
尺寸（cm） 通长 8.1 最宽 1.8

清龙首螭纹白玉带钩

藏品编号 3676
年　　代 1616~1911
文物类别 玉石器、宝石
文物级别 三级
实际件数 1
完残程度 完整
尺寸（cm） 通长 10.2，宽 1.9，龙首长 2.6

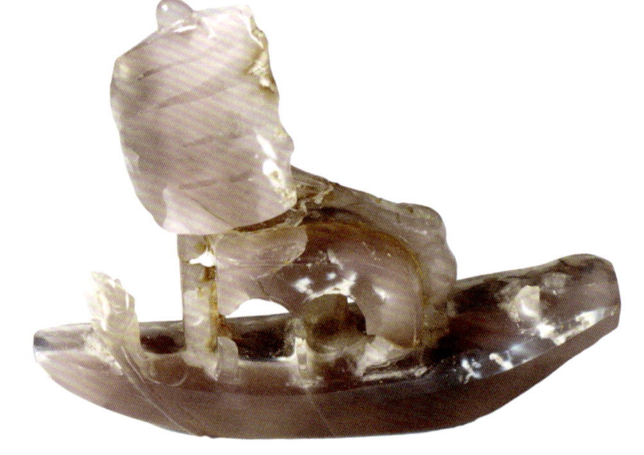

清玛瑙帆船

藏品编号 3975
年　　代 1616~1911
文物类别 玉石器、宝石
文物级别 三级
实际件数 1
完残程度 基本完整
尺寸（cm） 通长 14.6，高 12.3

清独角兽纹蜜蜡嵌饰

藏品编号 4855
年　代 1616~1911
文物类别 玉石器、宝石
文物级别 三级
实际件数 1
完残程度 完整
尺寸（cm） 长 3，最宽 2

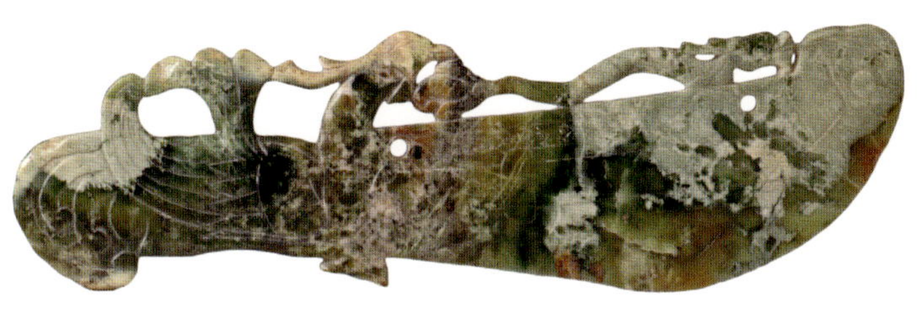

清龙凤纹翠绿色玉刀

藏品编号 3246
年　代 1616~1911
文物类别 玉石器、宝石
文物级别 三级
实际件数 1
完残程度 完整
尺寸（cm） 通长 77，柄长 16.7

清龙虎纹墨玉刀

藏品编号 3247
年　代 1616~1911
文物类别 玉石器、宝石
文物级别 三级
实际件数 1
完残程度 基本完整
尺寸（cm） 通长 73.5，刃长 48.5，柄长 25，最宽处 17

民国兽形玉佩

藏品编号 4856
年　代 1912~1949
文物类别 玉石器、宝石
文物级别 三级
实际件数 1
完残程度 完整
尺寸（cm） 通高 3.7，厚 1.7，最宽 3.6

# 长兴县博物馆　鼻子山三级文物

1（52件）

战国仿青铜 C 形纹原始瓷錞于

藏品编号　4453
文物级别　三级
尺寸（cm）　高 44，盘横 21.8，口横 22，肩横 24

战国 C 形纹原始瓷錞于

藏品编号　4454
文物级别　三级
尺寸（cm）　高 41.5，盘横 20.5，口横 18，肩横 23

战国仿青铜原始瓷镈钟

藏品编号 4456
文物级别 三级
尺寸（cm） 高 19.7，钲高 10.7，鼓高 7，铣间 16.5

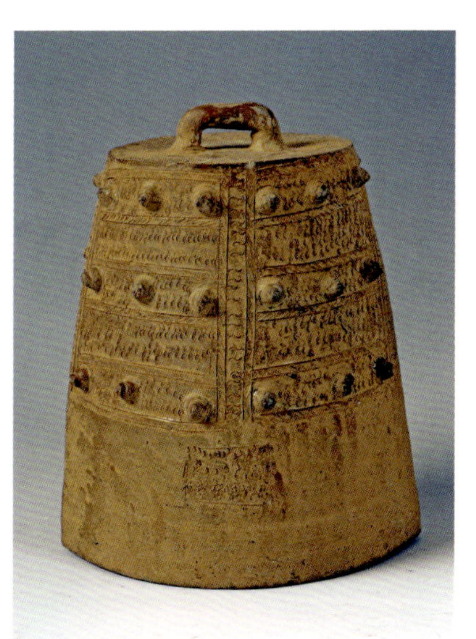

战国 C 形纹原始瓷镈钟

藏品编号 4457
文物级别 三级
尺寸（cm） 高 21.1，钲高 11.5，鼓高 7.5，铣间 17.5

战国刻画戳点纹原始瓷镈钟

藏品编号 4458
文物级别 三级
尺寸（cm） 高 21.6，钲高 10.5，鼓高 9，铣间 15.8

战国原始瓷甬钟

藏品编号 4460
文物级别 三级
尺寸（cm） 高 41.4，甬长 12.1，铣间 20.1

战国青釉仿青铜 C 形纹原始瓷甬钟

藏品编号 4461
文物级别 三级
尺寸（cm） 高 42.5，甬长 13.5，铣间 19.1

战国青釉仿青铜 C 形纹原始瓷甬钟

藏品编号 4462
文物级别 三级
尺寸（cm） 高 38.8，甬长 11.8，铣间 17.1

战国仿青铜 C 形纹原始瓷甬钟

藏品编号 4464
文物级别 三级
尺寸(cm) 高 38.8，甬长 12.1，铣间 19.1

战国仿青铜原始瓷甬钟（残）

藏品编号 4465
文物级别 三级
尺寸(cm) 高 39.8，甬长 12.6，铣间 16.7

战国青釉 C 形纹原始瓷句鑃

藏品编号 4466
文物级别 三级
尺寸(cm) 高 32.2，柄长 9.7，铣间 20.5

战国青釉仿青铜 C 形纹原始瓷句鑃

藏品编号 4467
文物级别 三级
尺寸(cm) 高 31.8，柄长 9.5，铣间 20.4

战国 C 形纹原始瓷句鑃

藏品编号 4468
文物级别 三级
尺寸(cm) 高 29.7，柄长 8.7，铣间 21

战国青釉仿青铜 C 形纹原始瓷句鑃

藏品编号 4469
文物级别 三级
尺寸(cm) 高 29，柄长 8.5，铣间 18.5

战国青釉仿青铜C形纹原始瓷句鑃

藏品编号 4470
文物级别 三级
尺寸(cm) 高37.6，柄长10.6，铣间18.5

战国原始瓷句鑃

藏品编号 4472
文物级别 三级
尺寸(cm) 高33.5，柄长9.5，铣间11.5

战国 C 形纹原始瓷镇

藏品编号 4475
文物级别 三级
尺寸（cm） 高 6.5，腹径 9.5，底径 6.9

战国 C 形纹原始瓷镇

藏品编号 4476
文物级别 三级
尺寸（cm） 高 6.5，腹径 9.5，底径 6.9

战国 c 形纹原始瓷镇

藏品编号 4477
文物级别 三级
尺寸（cm） 高 6.5，腹径 9.5，底径 6.9

战国 C 形纹原始瓷镇

藏品编号 4478
文物级别 三级
尺寸（cm） 高 6.5，腹径 9.5，底径 6.9

战国 C 形纹原始瓷镇

藏品编号 4479
文物级别 三级
尺寸（cm） 高 6.5，腹径 9.5，底径 6.9

战国 C 形纹原始瓷镇

藏品编号 4480
文物级别 三级
尺寸（cm） 高 6.5，腹径 9.5，底径 6.9

战国 C 形纹硬陶镇

藏品编号 4481
文物级别 三级
尺寸（cm） 高 4.6，腹径 6，底径 5.3

战国 C 形纹硬陶镇

藏品编号 4482
文物级别 三级
尺寸（cm） 高 4.6，腹径 6，底径 5.3

战国硬陶镇

藏品编号　4483
文物级别　三级
尺寸(cm)　高 4.6，腹径 6，底径 5.3

战国硬陶镇

藏品编号　4484
文物级别　三级
尺寸(cm)　高 4.6，腹径 6，底径 5.3

战国 C 字纹硬陶镇

藏品编号　4485
文物级别　三级
尺寸(cm)　高 4.6，腹径 6，底径 5.3

战国 S 纹硬陶镇

藏品编号　4486
文物级别　三级
尺寸(cm)　高 4.6，腹径 6，底径 5.3

战国原始瓷磬

藏品编号 4487
文物级别 三级
尺寸（cm） 股长 16.5，股博 6.5，鼓长 20，鼓博 6.3

战国原始瓷磬

藏品编号 4488
文物级别 三级
尺寸（cm） 股长 15，股博 5.6，鼓长 21，鼓博 6.3

战国原始瓷磬

藏品编号 4489
文物级别 三级
尺寸（cm） 股长 13.9，股博 5.2，鼓长 16，鼓博 5.3

战国原始瓷磬

藏品编号 4490
文物级别 三级
尺寸（cm） 股长 14.1，股博 6.5，鼓长 17.8，鼓博 6.7

战国原始瓷磬

藏品编号 4492
文物级别 三级
尺寸（cm） 股长 14.2，股博 5.4，鼓长 16.5，鼓博 5.9

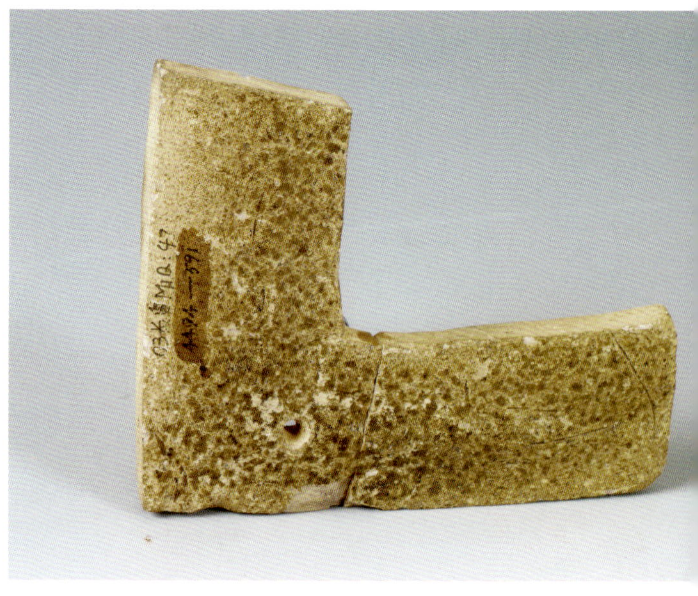

战国青釉原始瓷磬

藏品编号 4494
文物级别 三级
尺寸（cm） 股长 12.6，股博 5.5，鼓长 15.7，鼓博 5.5

战国青釉原始瓷磬

藏品编号 4495
文物级别 三级
尺寸（cm） 股长 16.2，股博 6.3，鼓长 17.9，鼓博 6.5

战国青釉原始瓷磬

藏品编号 4497
文物级别 三级
尺寸（cm） 股长 13.3，股博 5.2，鼓长 17.5，鼓博 5.5

战国琉璃珠

藏品编号 5829
文物级别 三级
尺寸(cm) 直径1，孔径0.5，长1

战国勾云纹青玉剑首

藏品编号 5830
文物级别 三级
尺寸(cm) 直径4，厚0.4

战国白玉勒子

藏品编号 5835
文物级别 三级
尺寸(cm) 长3.1，宽1，厚0.6

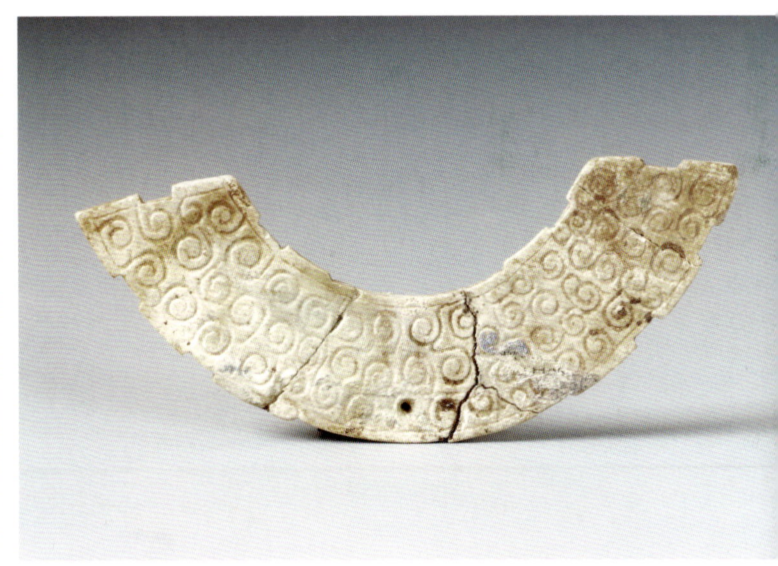

战国勾云纹玉璜

藏品编号 5837
文物级别 三级
尺寸(cm) 长8.4，宽1.8，厚0.3

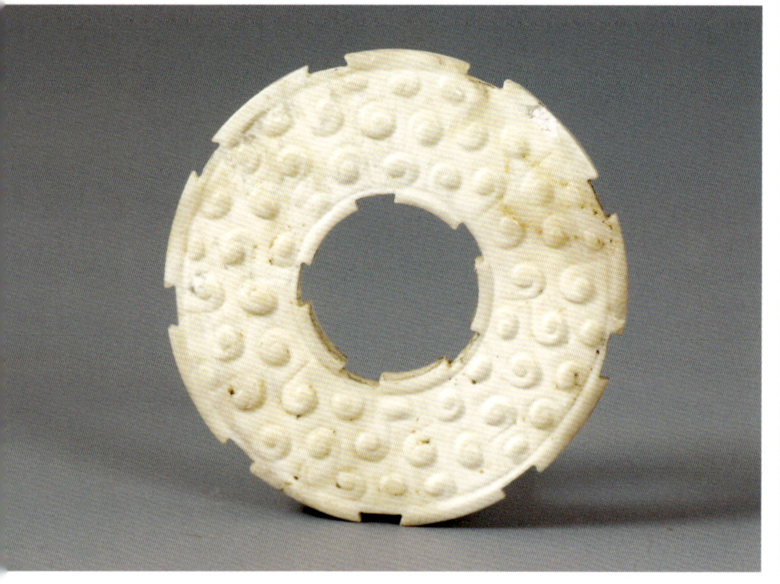

战国卷云纹玉剑首

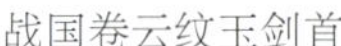

藏品编号 5839
文物级别 三级
尺寸（cm） 直径 3.4，厚 0.3

战国卷云纹滑石瑗

藏品编号 5843
文物级别 三级
尺寸（cm） 外径 7.4，内径 4，厚 0.4

战国龙首玉带钩

藏品编号 5840
文物级别 三级
尺寸（cm） 长 3.6，最宽 1，厚 0.5

战国龙形玉带钩

藏品编号 5841
文物级别 三级
尺寸（cm） 长 3.7，宽 0.5-0.9，厚 0.5-0.6

战国卷云纹滑石瑗

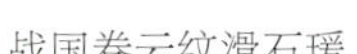

藏品编号 5845
文物级别 三级
尺寸(cm) 外径 7.4，内径 4，厚 0.5

战国卷云纹滑石瑗

藏品编号 5846
文物级别 三级
尺寸(cm) 外径 8.3，内径 5，厚 0.4

战国 C 形纹滑石瑗

藏品编号 5847
文物级别 三级
尺寸(cm) 外径 8.4，内径 4，厚 0.4

战国钩云纹滑石瑗

藏品编号 5850
文物级别 三级
尺寸(cm) 外径 8，内径 4，厚 0.4

战国C形纹滑石瑗

藏品编号 5851
文物级别 三级
尺寸(cm) 外径7.8，内径4.3，厚0.4

战国C形纹滑石瑗

藏品编号 5852
文物级别 三级
尺寸(cm) 外径7.7，内径4，厚0.4

战国卷云纹滑石瑗

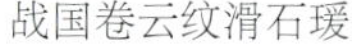

藏品编号 5854
文物级别 三级
尺寸(cm) 外径7.7，内径4，厚0.4

战国C形纹滑石瑗

藏品编号 5855
文物级别 三级
尺寸(cm) 外径7.8，内径3.7，厚0.3

# 长兴县博物馆未定级1件

1

清拓元赵孟頫书《长兴州修建东岳行宫记》碑拓片

| | |
|---|---|
| 藏品编号 | 3604-128 |
| 年　　代 | 1616~1911 |
| 文物类别 | 碑帖拓本 |
| 文物级别 | 未定级 |
| 实际件数 | 1 |
| 完残程度 | 完整 |
| 尺寸(cm) | 长 180，宽 91 |

# 长兴县财政局1件

2

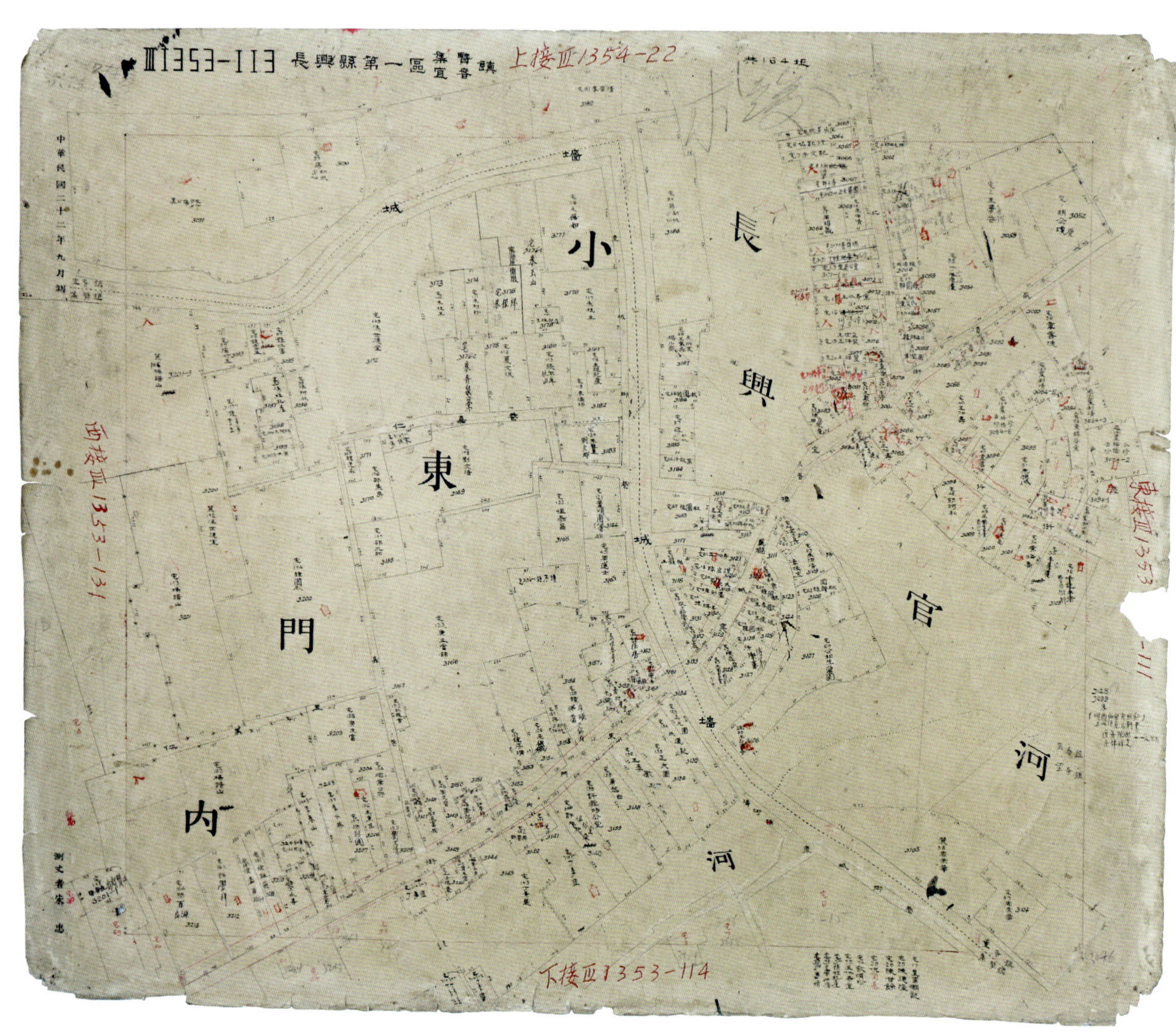


民国长兴县第一区集贤宜春镇手绘户地原图

藏品编号 33052221000003000001858
年　　代 1933
文物类别 档案文书
文物级别 未定级
实际件数 1
完残程度 完整
尺寸(cm) 长60，宽50

# 长兴县档案局1件

3

民国“长兴县政府印”朱文方铜印

藏品编号 33052221900004000000003
年　　代 1944
文物类别 玺印符牌
文物级别 未定级
实际件数 1
完残程度 基本完整
尺寸（cm）长 10.7，宽 6.5，柄长 8.6，厚 1.8

## 长兴县国税局1件

4

民国“中央财政部税务总局浙江省长兴县第 0144 号验讫”木质印章

藏品编号 33052211900010000000001
年　代 1949
文物类别 玺印符牌
文物级别 未定级
实际件数 1
完残程度 基本完整
尺寸(cm) 长 9.3，宽 6，高 2.2

# 长兴县新四军苏浙军区纪念馆一级文物4件

5

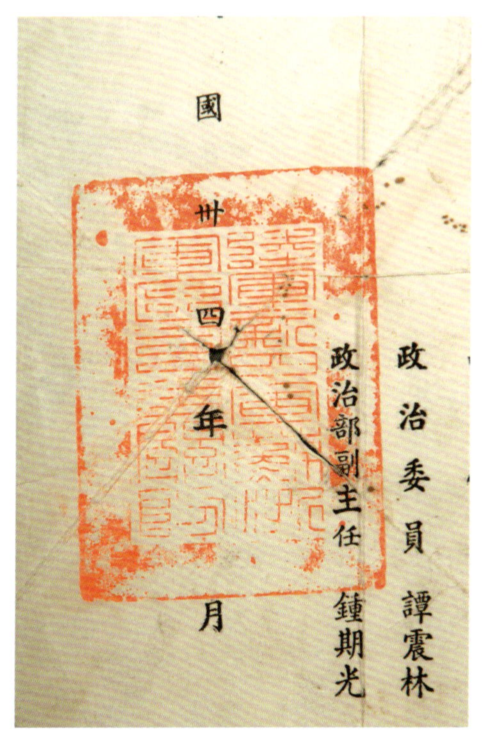

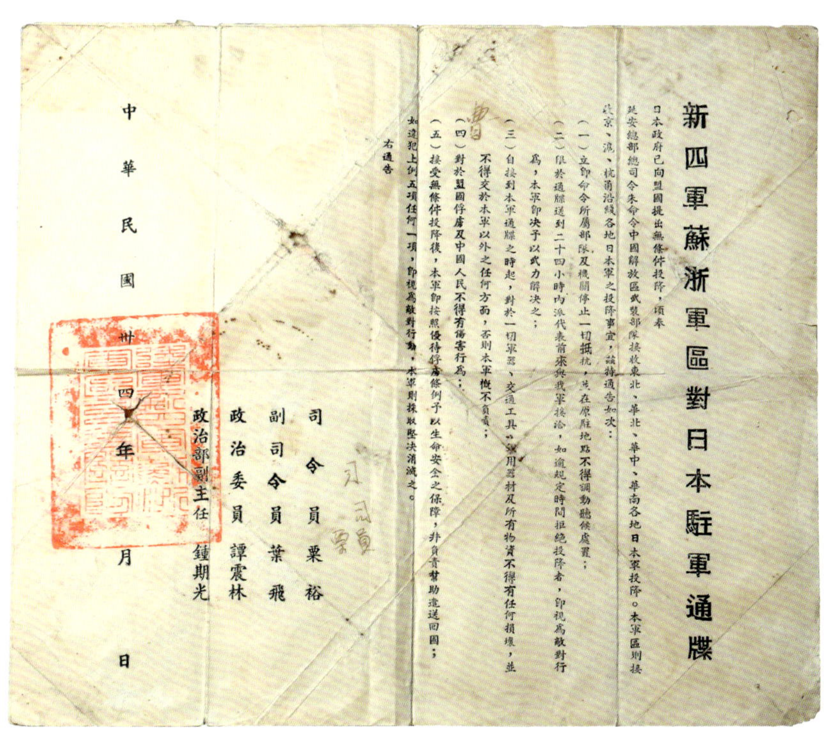

新四軍蘇浙軍區對日本駐軍通牒

日本政府已向盟國提出無條件投降，頃奉延安總部總司令朱命令中國解放區武裝部隊接收東北、華北、華中、華南各地日本軍投降。本軍區則接收京、滬、杭甬沿綫各地日本軍之投降事宜，茲特通告如次：

（一）立即命令所屬部隊及機關停止一切抵抗，並在原駐地點不得調動聽候處置；

（二）限於通牒送到二十四小時內派代表前來與我軍接洽，如逾規定時間拒絕投降者，即視爲敵對行爲，本軍即決予以武力解決之；

（三）自接到本軍通牒之時起，對於一切軍器、交通工具、軍用器材及所有物資不得有任何損壞，並不得交於本軍以外之任何方面，否則本軍概不負責；

（四）對於盟國俘虜及中國人民不得有傷害行爲；

（五）接受無條件投降後，本軍即按照優待俘虜條例予以生命安全之保障，並負責幫助遣送回國；

如違犯上例五項任何一項，即視爲敵對行動，本軍則採取堅決消滅之。

右通告

司令員 粟裕

副司令員 葉飛

政治委員 譚震林

政治部副主任 鍾期光

中華民國卅四年　月　日

民国新四军苏浙军区对日本驻军通牒

藏品编号　330522218000020000379
年　　代　1945
文物类别　文件、宣传品
文物级别　一级
实际件数　1
完残程度　基本完整
尺寸（cm）　长 31.2，宽 27

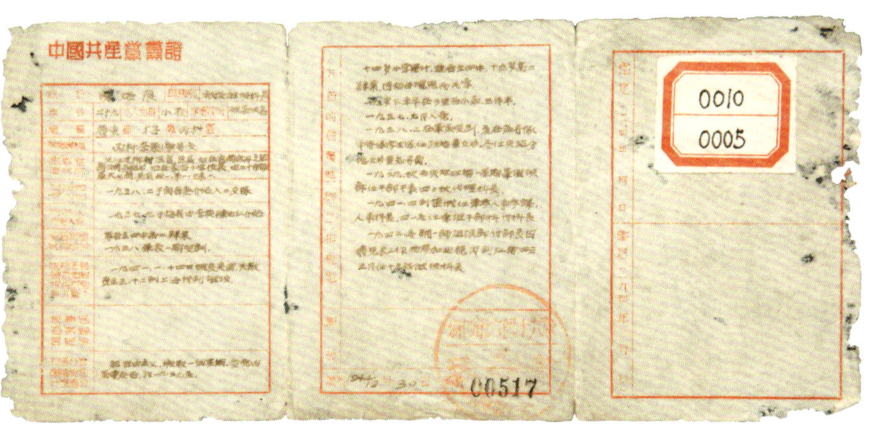


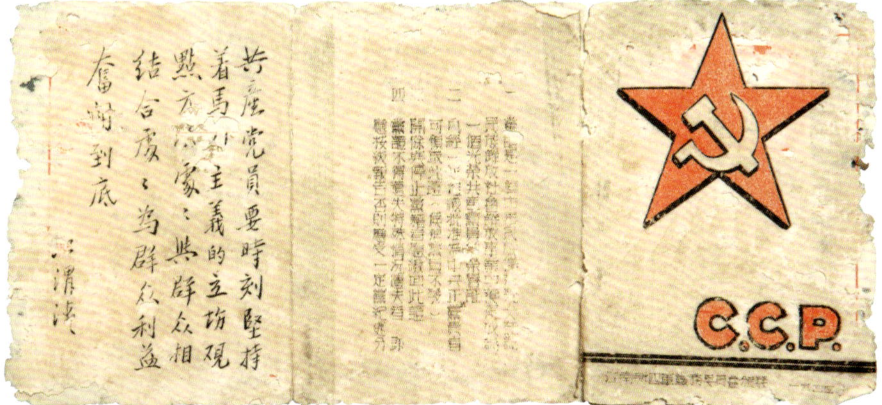


民国中国共产党党证 C.C.P

藏品编号　330522218000020000498
年　　代　1944
文物类别　档案文书
文物级别　一级
实际件数　1
完残程度　基本完整
尺寸（cm）　长 9.5，宽 7.4

民国新四军十六旅苏南报社用的石印板

藏品编号 33052221800002000000263
年　代 1912~1949
文物类别 其他
文物级别 一级
实际件数 1
完残程度 基本完整
尺寸(cm) 长59，宽44.5

民国新四军苏浙军区兵工厂所用的木风箱

藏品编号 33052221800002000001059
年　代 1912~1949
文物类别 其他
文物级别 一级
实际件数 1
完残程度 残缺
尺寸(cm) 长218，宽50，高38

## 长兴县金钉子保护区管理处1件

*6*

二叠纪晚二叠世煤山扁体鱼化石

藏品编号 33052221400009000000001
年　　代 地质年代
文物类别 标本、化石
文物级别 珍贵
实际件数 1
完残程度 完整
尺寸（cm） 长22，宽20

# 长兴县金钉子景区1件

7

新生代古近纪石油马来鳄化石

藏品编号 3305223120001300000001
年　　代 地质年代
文物类别 标本、化石
文物级别 珍贵
实际件数 1
完残程度 完整
尺寸（cm） 长52，宽27

## 长兴县经济开发区1件

8

汉几何纹铭文砖

藏品编号 33052211900018000000001
年　　代 前206~220
文物类别 石器、石刻、砖瓦
文物级别 未定级
实际件数 1
完残程度 完整
尺寸（cm） 长37，宽17.8，高7

## 长兴县龙山中学1件

9

汉几何钱币纹砖

藏品编号 33052221600006000000001
年　　代 前206~220
文物类别 石器、石刻、砖瓦
文物级别 未定级
实际件数 1
完残程度 完整
尺寸（cm） 长36，宽15，高5

# 长兴县吕山乡人民政府1件

10

明吕山花墙门元宝石

藏品编号 33052211900012000000001
年　　代 1368~1644
文物类别 石器、石刻、砖瓦
文物级别 未定级
实际件数 1
完残程度 基本完整
尺寸(cm) 长 120，宽 33，高 45

# 长兴县水口乡人民政府1件

## 11

清“顾渚金沙”残蹲狮石望柱

藏品编号 330522119000110000001
年　　代 1616~1911
文物类别 石器、石刻、砖瓦
文物级别 未定级
实际件数 1
完残程度 残缺
尺寸（cm） 长150，宽32

## 长兴县泗安镇1件

12

明浅浮雕文官像石雕版

藏品编号 33052211900015000000001
年　　代 1368~1644
文物类别 石器、石刻、砖瓦
文物级别 未定级
实际件数 1
完残程度 基本完整
尺寸(cm) 长36，宽20，高15

# 长兴县文保所1件



13

明八棱太湖石井圈

藏品编号 33052221800016000000001
年　　代 1368~1644
文物类别 石器、石刻、砖瓦
文物级别 未定级
实际件数 1
完残程度 完整
尺寸（cm） 口径 38，底径 63，高 36

## 长兴县文广新局1件

14

民国寿字花草纹瓦当

藏品编号 33052211900007000000001
年　　代 1912~1949
文物类别 石器、石刻、砖瓦
文物级别 未定级
实际件数 1
完残程度 完整
尺寸(cm) 长13.2，宽18，高1.5

# 长兴县文化馆1件

15

民国泗安徐家年画木雕版

藏品编号 330522218000008000000002
年　　代 1912~1949
文物类别 竹木雕
文物级别 未定级
实际件数 1
完残程度 基本完整
尺寸（cm） 长 38，宽 26，高 2.8

## 长兴县小浦镇人民政府1件

*16*

民国小浦彭耆岭抗日阵亡无名烈士石纪念残碑

藏品编号　33052211900014000000001
年　　代　1912~1949
文物类别　石器、石刻、砖瓦
文物级别　未定级
实际件数　1
完残程度　严重残缺（含缺失部件
尺寸（cm）　长46，宽28

## 长兴县园林局1件

17

明灵山墓道石虎

藏品编号 33052221400005000000005
年　　代 1368~1644
文物类别 石器、石刻、砖瓦
文物级别 未定级
实际件数 1
完残程度 完整
尺寸（cm） 长161，宽75，高173

## 长兴县雉城街道办事处1件

18

民国桃形花开富贵纹木雕花板

藏品编号　3305221190001700000001
年　　代　1912~1949
文物类别　竹木雕
文物级别　未定级
实际件数　1
完残程度　完整
尺寸(cm)　长43，宽43，高0.3

# 后 记

长兴县第一次全国可移动文物普查工作已经拉下帷幕，但正因为是第一次，颇有值得一说的些许，留下印记，方便今后的参考与完善。

犹记得四年前，那次规模空前的长兴县第一次全国可移动文物普查动员大会。会后，长兴县普查办即着手进行“藏珍——长兴县第一次全国可移动文物普查巡展”的动员展览，在全县20个乡镇、街道、园区率先开始展览，也应邀进入中小学校展览，获得群众及师生的好评。展览的同时，与全县新发现文物、捐赠文物相联系，发现了一批较有价值的文物，为今后开展文物的调查认定，提供了良好的开始。

四年后，工作的收尾阶段，长兴县普查办在大量的数据采集录入的基础上，编制了《长兴县可移动文物名录》和《长兴县可移动文物收藏单位名录》；建立可移动文物的藏品信息及单位信息；进行编制可移动文物普查档案与可移动文物普查工作报告的工作；整理“一普”相关工作档案并汇集成册。以长兴县博物馆为主，旁及全县所有国有收藏单位的文物精华图录，《物阜长兴Ⅱ——长兴县第一次全国可移动文物普查文物精选》，交由西泠印社出版社出版。

回顾四年，普查工作的点点滴滴，犹在昨日。那大家齐聚一心，撸起袖子一起干的奋斗；那挥汗如雨，上山下乡走访山寺及乡镇的调查；那放弃双休及晚上，大家埋头于库房的整理；那百忙中抽身前来视察勉励的县主要领导，那倾注技术指导的省市专家或现场或远程的关照，一幕幕，皆清晰可感，令人动容。当然，长兴县第一次全国可文物普查取得的丰硕成果，更离不开长兴县第一次全国可移动文物普查办公室所有工作人员的那份勤勤恳恳、兢兢业业。

回顾历程，值得说道的颇多。一是普查得到了领导关心，组织有保障。长兴县政府高度重视我县第一次全国可移动文物普查工作，政府相关领导多次听取汇报，提出工作要求，县政府常务会议还专题研究。2013年8月16日，长兴县第一次全国可移动文物普查动员大会暨普查联络员培训会顺利召开。县普查领导小组全体成员，县级机关各部门、各乡镇（街道、园区）、各金融机构和驻长中央及省属企事业等相关单位分管领导和普查联络员，县普查办全体工作人员共260人参加了会议，县普查领导小组组长、县人民政府副县长楼秋红作动员讲话。

二是经费得以落实，合理使用。经积极沟通和争取，并经县政府常务会议审议，长兴县“一普”的开展得到县财政局的大力支持，长兴县财政局将可移动文物普查所需经费列入相应年度的财政预算，落实我县第一次全国可移动文物普查经费120万元，工作期内按年度支付。这些资金，主要用于培训、宣传、购置设备、外聘人员工资、成果出版等开支，为我县可移动文物普查工作的顺利开展提供充足的物力保障。

三是人力整合，推进工作。在建立全县第一次可移动文物普查领导小组的基础上，县普查办建立工作班子，抽调有关人员设立综合协调组、普查组、后勤组、登录组、安全组、鉴定组等6个工作小组，明确人员分工和工作职责，每个工作小组制定阶段性工作计划，明确责任人、工作内容和完成时间，并定期召开工作例会，通报情况、分析解决问题、布置工作任务。同时，在信息数据登录启动后，还外聘了3名工作人员。由于人力保障到位，工作机制健全，使得普查工作有效顺利完成。

四是培训学习，技术保障。2013年7月24~27日，长兴县普查办的3名业务骨干参加了由浙江省文物局举办的第一次全国可移动文物普查培训班。2014~2016年间，长兴县普查办又先后组织人员参加浙江省普查办组织召开的可移动文物普查文物影像信息采集培训班、全国可移动文物信息登录平台培训班、普查进度管理与数据审核培训班、普查数据审核与总结报告编制培训班等。业务工作者回来后组织集中学习普查业务知识，对我县文博系统的业务骨干进行了普查业务和实践指导，通过现场教学，解决在实际工作中遇到的问题，提高了可移动文物的普查水平和普查效率，使得我县的普查工作能力得到了进一步的提升。

五是宣传有力，扩大影响。“一普”开展之初，2013年8月16日就以涉及全县100多家单位高达260余人的规模，召开了大型普查动员会。大会由副县长楼秋红作主题发言并布置工作，会后，由县普查办周凤平对100多家单位的联络员进行了现场教学及细节讲解。2013年9月，通过党政邮箱、邮政寄送，结合普查员电话联系和上门送件的方式向全县523家国有单位发放《国有单位文物收藏情况调查登记表》，同时还发放了《致国有可移动文物收藏单位的公开信》。长兴县“一普”工作，在国家、省、市、县都有报道，总计20余篇。2014年1月24日的《中国文物报》上还登载了长兴县普查办工作人员周凤平的《滴水光华——我是普查员》，这是浙江省最早发表在该报上的文章。另外在《浙江文化》《浙江文物网》《湖州日报》《湖州新闻》《长兴新闻》《小彤热线》等宣传平台报道重要普查信息20余条。长兴县普查办推送的工作报道《长兴县普查办迎来外地家谱查阅者》被浙江省普查办作为工作经验引用，用于浙江省可移动文物普查的经验汇报。《长兴县第一次全国可移动文物普查工作简报》共出刊8期，涵盖普查阶段的初、中、后三个阶段，得到县领导和业务部门的好评。此外，自2013年起，每年“国际博物馆日”，走入学校的“第二课堂”将可移动文物知识讲座带入到中小学、幼儿园的课堂，受到师生的好评。每年6月的第二个星期六的“中国文化遗产日”，明伦堂广场的文物鉴赏咨询活动，受到市民的欢迎。

六是迎难而上，严把质量。长兴县可移动文物整体涵盖面广、时间跨度长（距今100万年）、文物档案早期整理不够等诸因素，使得本次普查注定是艰难的。库房是临时租借别人的，空间既狭小，条件又简陋，通风设备极差，但长兴县普查办工作人员还是鼓足勇气，迎难而上。条件极为艰苦，对质量的把关，一点也没有松懈。在认定有3000多件/套文物的县财政局时，长兴县博物馆普查小组急人之急，先帮助系统外单位加班加点了3个多月，完成数据采集，是值得称道的。

最后，长兴县第一次全国可移动文物普查，虽然面对众多实际困难，还是涌现出了较多的闪光创新点，诸如：“开展上门走访培训活动”，全县第一次全国可移动文物普查动员大会之后，县普查办工作人员通过自我评估，自觉将服务时间从日常工作的8小时扩展到12小时，在普查单位需要服务时，上门走访、培训讲解，服务到“家”；长兴县普查办“小日记”推动“大普查”，首创“日记记录本”，团队成员记录每天工作的具体事项；注重普查之中的“实时信息发布与共享”，如长兴县普查办对长兴县博物馆库房所藏古籍家谱进行了分类整理登记，注重宣传与信息发布，吸引了湖州市练市镇的两位老人慕名前来查阅家谱，使得一普成果在采集整理阶段，就提前发挥功用；1~8期《长兴县第一次全国可移动文物普查简报》，成为简洁全面的宣传阵地，图文并茂，得到好评。

长兴县第一次全国可移动文物普查，是一项意义重大、影响广泛的县内“寻宝行动”。借此机会，引起人们对我们文化遗产的关注，对进一步弘扬传统文化具有实际意义。普查期间我们也在县委书记周卫兵的亲自过问下，对文物库房进行了更安全的整改。省市专家对长兴县博物馆所租借的库房进行了藏品区与工作区的分隔指导，对文物收藏的标准化建设提出了极为宝贵的意见。同时在人才队伍建设及长兴县博物馆新馆建设方面，长兴县第一次全国可移动文物普查的数据及经验，为今后更高标准的文博软硬件建设，提供了参考和鞭策。

《物阜长兴Ⅱ》，稿易七次，期间得到省市专家的技术指导，得到出版社及编排老师的通力合作，得到长兴文物界同仁的关心，特别是得到老馆长梁奕建的关切。毛波、童善平等同志提出了修改意见，馆“录入及校对”小组倾力奉献，在此一并感谢。同时，由于编著时间紧，水平有限，对文物的认识不够全面，还请方家指正为盼。

编者

2017年5月28日

图书在版编目（C I P）数据

物阜长兴. Ⅱ，长兴县第一次全国可移动文物普查文物精选 / 应征，周凤平主编. -- 杭州 : 西泠印社出版社，2017.8
ISBN 978-7-5508-2127-9

Ⅰ. ①物… Ⅱ. ①应… ②周… Ⅲ. ①文物－长兴县－图集 Ⅳ. ①K872.554

中国版本图书馆CIP数据核字(2017)第174774号

**物阜长兴 Ⅱ**
长兴县第一次全国可移动文物普查文物精选
*应 征 周凤平 主编*

---

出品人 江 吟
责任编辑 张月好 冯斌强
责任出版 李 兵
出版发行 西泠印社出版社
地 址 杭州市西湖文化广场32号E区5楼
邮 编 310014
电 话 0571—87243096
经 销 全国新华书店
制 版 杭州如一图文制作有限公司
印 刷 浙江海虹彩色印务有限公司
开 本 889mm × 1194mm 1/16
印 张 13
印 数 0001-2000
书 号 ISBN 978-7-5508-2127-9
版 次 2017年8月第1版 第1次印刷
定 价 298.00元